Gelassenheit für alle Tage

Gelassenheit

⸙ für ⸙

ALLE
TAGE

Zusammengestellt und herausgegeben
von Dörte Fuchs und Jutta Orth

Die Texte sind in ihrer Originalfassung mit allen
Eigenheiten, die für die Entstehungszeit und den Stil
der Autorinnen und Autoren typisch sind, belassen worden.

Januar

*Gegrüßt, du neues Jahr mit
  deinen Freuden,
Das Leben ist so süß, und wären's
  Leiden,
Ach, alles nimmt man mit
  dem Leben gern.*

— ANNETTE VON DROSTE-HÜLSHOFF

―― Januar ――

2

Und doch, wer wendet sein Herz nicht gern der Zukunft zu, wie die Blumen ihre Kelche der Sonne?

HEINRICH VON KLEIST

Januar

3 Vor allen Dingen ists vonnöten,
Im Glück und Mißglück voll Gelassenheit zu ruhn,
Und nimmer die Geduld zu töten,
Und nimmer die Bescheidenheit,
In guter und in böser Zeit.

ANNA LOUISA KARSCH

─── Januar ───

4

Sei geduldig!
Nimm gelassen,
Wie der Tage Kette gleitet:
Anfang, der nicht zu erfassen,
Ende nicht. Und die sich breitet,
Mitte, ziellos, offner, enger,
Laß sie zögern, laß sie schweifen:
Unerbittlich wird ein strenger Kreis zuletzt
Dich einbegreifen.

MARIA LUISE WEISSMANN

— Januar —

5 *Es ist nicht notwendig, daß du aus dem Haus gehst.*
Bleib bei deinem Tisch und horche.
Horche nicht einmal, warte nur.
Warte nicht einmal, sei völlig still und allein.
Anbieten wird sich dir die Welt zur Entlarvung,
sie kann nicht anders,
verzückt wird sie sich vor dir winden.

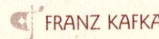 FRANZ KAFKA

---------- Januar ----------

6 *Beim Nichtstun bleibt nichts ungetan.*

LAOTSE

— Januar —

7 *Überall ist Ruhe. Mags von außen stürmen, wenn nur das Herz nicht tobt.*

AUGUST VON KOTZEBUE

— Januar —

8 Ich baue meinem Herzen ein Grab, damit es ruhen möge; ich spinne mich ein, weil überall Winter ist; in sel'gen Erinnerungen hüll ich vor dem Sturme mich ein.

FRIEDRICH HÖLDERLIN

—————— Januar ——————

9 *Es ist auf Erden keine Nacht,*
Die nicht noch ihren Schimmer hätte,
So groß ist keines Unglücks Macht,
Ein Blümlein hängt an seiner Kette.

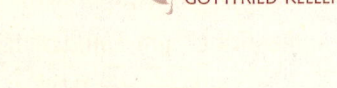 GOTTFRIED KELLER

Januar

10 Die Geliebten sind verloren, nicht die Liebe, die Blüten sind herunter, nicht die Zweige – Ich will ja noch, wünsche noch, die Vergangenheit hat mir die Zukunft nicht gestohlen – Noch hab' ich die Arme zum Umfassen ... und das Auge zum Schauen der Welt – –

JEAN PAUL

Januar

11

Sahst du ein Glück vorübergehn,
Das nie sich wiederfindet,
Ists gut in einen Strom zu sehn,
Wo alles wogt und schwindet.

O! starre nur hinein, hinein,
Du wirst es leichter missen,
Was dir, und solls dein Liebstes sein,
Vom Herzen ward gerissen.

NIKOLAUS LENAU

Januar

12 *Wie die Gegenstände auf dem Ufer, von welchem man zu Schiffe sich entfernt, immer kleiner, unkenntlicher und schwerer zu unterscheiden werden, so unsere vergangenen Jahre mit ihren Erlebnissen und ihrem Tun.*

ARTHUR SCHOPENHAUER

―――――― Januar ――――――

13 *Suchet in euch, so werdet ihr alles finden, und erfreuet euch, wenn da draußen, wie ihr es immer heißen möget, eine Natur liegt, die Ja und Amen zu allem sagt, was ihr in euch gefunden habt!*

JOHANN WOLFGANG VON GOETHE

Januar

14 Das Paradies liegt allemal in uns, nicht draußen in dem Bau der Welt, der nur durch unser Auge schön wird, und nicht in dem Tun der Menschen, das nur durch unser sittliches Urteil Bedeutung erhält.

ADALBERT STIFTER

Januar

15

Alle sind, wozu sie die Natur, ihr Schicksal geordnet. Keine Nachtigall schlägt im Winter, und kein Palmbaum hat eine Zypresse zu sein begehret.

JOHANN GOTTFRIED HERDER

Januar

16

Was ihm bestimmt ist, wird dem Menschen auch zuteil; sogar ein Gott vermag das nicht zu hindern. Darum klage ich nicht, wundere mich auch nicht; denn das, was unser ist, gehört nicht anderen.

INDISCHE LEBENSWEISHEIT

Januar

17
Was helfen uns die schweren Sorgen?
Was hilft uns unser Weh und Ach?
Was hilft es, daß wir alle Morgen
Beseufzen unser Ungemach?
Wir machen unser Kreuz und Leid
Nur größer durch die Traurigkeit.

GEORG NEUMARK

Januar

18 *In jedem Falle ... verliere nicht den Mut zum Leben, bedenke, daß die traurigen Tage ebenso gewiß als die fröhlichen vorübergehen, daß auf dieser veränderlichen Welt nichts eine dauernde Stelle hat. Das sollte uns im Unglück trösten und unsere übermütige Fröhlichkeit dämpfen.*

LUDWIG TIECK

Januar

19

*Laß der Zeit nur ihren Willen
Und vergönn ihr ihren Lauf!
Sie wird sich selbst müssen stillen,
Wenn wir nichts nicht geben drauf.
Meistes Elend wird verschmerzet,
Wenn man's nicht zu sehr beherzet.*

PAUL FLEMING

———— Januar ————

20
Nichts gehört unser als nur die Zeit, in welcher selbst der lebt, der keine Wohnung hat.

BALTASAR GRACIÁN

---- Januar ----

21

Jedenfalls muß der Mensch von allem Äußeren einkehren in sich selbst, sich vertrauend, an sich Freude haben, sein Eigenes wert achten, möglichst von Fremden sich zurückziehen, sich an sich selbst halten, Verluste nicht hoch anschlagen, Widriges auch für gut annehmen.

LUCIUS ANNAEUS SENECA

— Januar —

22 *In herrlicher Einsamkeit hab ich manchmal in mir selber gelebt; ich bin's gewohnt geworden, die Außendinge abzuschütteln wie Flocken von Schnee ...*

FRIEDRICH HÖLDERLIN

Januar

23

Dir wünsch ich jenen sanften Schlummer,
Der mir im Elend Wohltat war;
So wirst du nie das Buch erwählen,
Um Mitternacht wird die nie deine Ruhe fehlen,
Zur Sommernacht wird dir die längste Nacht im Jahr.

ANNA LOUISA KARSCH

Januar

24

Süßer Schlaf! du kommst wie ein reines Glück ungebeten, unerfleht am willigsten. Du lösest die Knoten der strengen Gedanken, vermischest alle Bilder der Freude und des Schmerzes, ungehindert fließt der Kreis innerer Harmonien, und, eingehüllt in gefälligen Wahnsinn, versinken wir und hören auf zu sein.

JOHANN WOLFGANG VON GOETHE

Januar

25 Ja, in solchen Gefilden der Ruhe werden die Wunden geheilt, die Tränen gestillt, keine Seufzer gefordert, keine Sünden begangen, da zerfließet ja das kleine Menschenherz vor zu voller Wonne und erschafft sich wieder, um wieder zu zerfließen. So hab' ich dich längst gedacht, seliges, magisches, blendendes Land, das an meine Erde grenzt …

JEAN PAUL

Januar

26 *Hoch möcht ich mit den Stürmen durch des Himmels Wölbung fahren, mich in das schäumende Meer werfen und gegen die donnernden Wogen kämpfen, mit den Abgründen, mit den tiefen, undurchdringlichen Schachten der Erde will ich mich vertraut machen, und endlich, endlich irgendwo die Ruhe entdecken.*

LUDWIG TIECK

— Januar —

27

Einzelne Schwankungen stören nicht
Des großen Ganzen Gleichgewicht.
Wetterordnung regieret,
Bei deren Regiment
Das eine hier erfrieret,
Das andre dort verbrennt.
So stellt die rechte Mitte
Sich her aus Hitz' und Frost,
Daß nie das ganze litte,
Das ist des Einzeln Trost.

FRIEDRICH RÜCKERT

— Januar —

28

Leicht zu leben ohne Leichtsinn, heiter zu sein ohne Ausgelassenheit, Mut zu haben ohne Übermut, Vertrauen und freudige Ergebung zu zeigen ohne ... Fatalismus – das ist die Kunst des Lebens.

THEODOR FONTANE

—— Januar ——

29

Es ist gleich unglücklich, das kostbare Leben mit mechanischen Arbeiten, oder mit einem Übermaß erhabener Beschäftigungen hinzubringen. Man überhäufe sich nicht mit Geschäften und mit Neid, sonst stürzt man sein Leben hinunter und erstickt den Geist.

BALTASAR GRACIÁN

Januar

30

Wer die Welt zu sehr liebt, kommt nicht dazu, über sie nachzudenken; wer sie zu wenig liebt, kann nicht gründlich genug über sie denken.

CHRISTIAN MORGENSTERN

Januar

31

Herz, mein Herz, sei nicht beklommen
Und ertrage dein Geschick,
Neuer Frühling gibt zurück,
Was der Winter dir genommen.

Und wie viel ist dir geblieben,
Und wie schön ist doch die Welt!
Und mein Herz, was dir gefällt,
Alles, alles darfst du lieben!

HEINRICH HEINE

FEBRUAR

Februar

Einem Kristall gleicht meine Seele nun,
Den noch kein falscher Strahl des Lichts
　getroffen;
Zu fluten scheint mein Geist, er scheint
　zu ruhn,
Dem Eindruck naher Wunderkräfte offen,
Die aus dem klaren Gürtel blauer Luft
Zuletzt ein Zauberwort vor meine Sinne
　ruft.

EDUARD MÖRIKE

Februar

2 *Wer doch, wie Du, in sich selbst den Frieden hätte, in dem sich, wie in einem tiefen stillen See, alles in klaren Farben und scharfen Umrissen spiegelt!*

FRIEDRICH SPIELHAGEN

Februar

3 *Eine Quelle wird durch eine kleine Störung getrübt und wird nicht, indem man dazutut, wieder helle, sondern indem man sie sich selber überläßt. Gegen Zwiespalt und Verwirrung ist das beste Mittel, sie ihren Lauf nehmen zu lassen: denn so beruhigen sie sich von selbst.*

BALTASAR GRACIÁN

Februar

4 Schöne, süße Ruhe, die ich in diesem Augenblick in tiefster Seele empfinde! Du belohnst mich hinreichend für alles, was ich getan, und für alles, was ich verschmäht ...

JEAN PAUL

Februar

5 *Du sollst nicht zu sein begehren, was du nicht bist, sondern nur einfach etwas von deiner Pflicht zu tun versuchen, Tag um Tag. Denn es ist viel schwerer, einen Tag in wahrhafter Aufmerksamkeit und Wachsamkeit von Anfang bis Ende zu verleben, als ein Jahr in großen Absichten und hochfliegenden Plänen.*

CHRISTIAN MORGENSTERN

Februar

6 Was unerreichbar ist, das rührt uns nicht! Doch was erreichbar, sei uns goldne Pflicht!

GOTTFRIED KELLER

Februar

7 Trag es, wenn seinen Schnee der Winter
In unser Hoffen niederstiebt,
Ein ganzer Frühling lacht dahinter:
Gott züchtigt immer, wen Er liebt.

Laß in dem Leid, das Er beschieden,
Den Keim uns künft'gen Glückes schaun,
Dann kam der Tag, wo Freud' und Frieden,
In unsrem Herzen Hütten baun.

THEODOR FONTANE

Februar

8 Friede mit allen Dingen macht den Geist mächtig – der wahre Friede hat Flügel und trägt den Menschen noch bei Leibes Leben hoch über die Erde dem Himmel zu, denn er ist ein himmlischer Bote und zeigt den kürzesten Weg.

BETTINA VON ARNIM

Februar

9 *Was wäre wohl aus der Welt geworden, wenn alle zum Mitschaffen Aufgerufenen immer gleich »schnurstracks« auf ihr Ziel losgegangen wären. Alle Weisheit ist langsam, alles Schaffen ist umständlich.*

CHRISTIAN MORGENSTERN

Februar

10

Man kann auf falschem Wege sein und doch zu den herrlichsten Aussichtspunkten gelangen, nur natürlich nicht – ans Ziel.

MARIE VON EBNER-ESCHENBACH

Februar

11

Der Leichtsinn ist ein Schwimmgürtel für den Strom des Lebens.

LUDWIG BÖRNE

Februar

12 *Der Strom, einmal getrübt, muß fließen eine Weile,
Eh aus der innern Füll' er seinen Schaden heile.*

FRIEDRICH RÜCKERT

Februar

13

Wir wandern Schritt vor Schritt auf unserm Wege weiter. Die Tage verschwinden und die Jahre, und die Vergangenheit rückt in den Hintergrund, wie hohe Berge, über die sich ein zarter Duft zieht, und die Morgens und Abends prächtig glühen.

WILHELM GRIMM

Februar

14

*Die Sonne geht und kehret wieder,
Kommt Mond und sinkt die Nacht hernieder,
Die Stunden die Wochen abwärts leiten,
Die Wochen bringen die Jahreszeiten.
Von außen nichts sich je erneut,
In dir trägst du die wechselnde Zeit,
In dir nur Glück und Begebenheit.*

LUDWIG TIECK

Februar

15 *Der Geist allein erschafft die Zeit; nun wohl: So miß deinen kürzesten Tag der Freude mit einer Terzienuhr und deine längste Nacht des Trübsinns mit einer Achttaguhr.*

JEAN PAUL

Februar

16

Die Zeit geht nicht, sie stehet still,
Wir ziehen durch sie hin;
Sie ist ein' Karawanserei,
Wir sind die Pilger drin.

GOTTFRIED KELLER

Februar

17 *Aber die Lebenskunst besteht darin, sein Pulver nicht unnütz und nicht in jedem Augenblick zu verschießen.*

THEODOR FONTANE

Februar

18

Viele leben zu sehr in der Gegenwart: die Leichtsinnigen; – andere zu sehr in der Zukunft: die Ängstlichen und Besorglichen. Selten wird einer genau das rechte Maß halten.

ARTHUR SCHOPENHAUER

Februar

19

Nichts anderes kann man einen Menschen aus sich, aus ihm heraus lehren als dies: alles Menschliche menschlich zu tun. Für jedes rechte Gefühl auch die rechte Form zu finden. Immer mit sich eins und zufrieden in Geist und Handlung sein.

KLABUND

Februar

20

*Die Welt ist groß, doch in uns wird sie tief
Wie Meeresgrund.*

RAINER MARIA RILKE

Februar

21 *In dem tobenden und schäumenden Meere spiegelt sich der Himmel nicht; der klare Fluß ist es, worin Bäume und Felsen und die ziehenden Wolken und alle Gestirne des Firmamentes sich wohlgefällig beschauen.*

WILHELM HEINRICH WACKENRODER

Februar

22

Gleiche dem Fels, an dem sich beständig die Wogen brechen – er bleibt unerschüttert, und zu seinen Füßen schlafen die wilden Wasser ein.

MARC AUREL

Februar

23 Los der Engel! Kein Sturm düstert die Seelenruh
Des Beglückten! Der Tag hüllt sich in lichters Blau,
 Kuß, und Flüstern und Lächeln
Flügelt Stunden an Stunden fort.

LUDWIG CHRISTOPH HEINRICH HÖLTY

Februar

24

Die Anwandlungen der Leidenschaft sind das Glatteis der Klugheit, und hier liegt die Gefahr, sich ins Verderben zu stürzen. Von einem Augenblick der Wut oder der Fröhlichkeit wird man weiter geführt als von vielen Stunden des Gleichmuts ...

BALTASAR GRACIÁN

Februar

25 Wahre Ruhe ist Gleichgewicht der Bewegung.

ERNST VON FEUCHTERSLEBEN

Februar

26

Draußen fiel der Schnee voll Gelassenheit und sehr dicht vom Himmel – das gab solche wunderbare Lautlosigkeit – spann ein – wies nach innen.

IDA BOY-ED

Februar

27 *Ruhe! dich geben weder die Freude noch der Schmerz, sondern nur die Hoffnung. Warum ruht nicht alles in uns wie um uns?*

JEAN PAUL

Februar

28

Wir blicken so gern in die Zukunft, weil wir das Ungefähre, was sich in ihr hin und her bewegt, durch stille Wünsche so gern zu unsern Gunsten heranleiten möchten.

JOHANN WOLFGANG VON GOETHE

Februar

29

Und dräut der Winter noch so sehr
Mit trotzigen Gebärden,
Und streut er Eis und Schnee umher,
Es muß doch Frühling werden.

EMANUEL GEIBEL

MÄRZ

März

Die Sonne geht unter, damit Nacht werde und Menschen sich über eine neue Morgenröte freuen mögen.

JOHANN GOTTFRIED HERDER

März

2 Es ist seltsam, wie froh und frei es einem im Gemüte wird, wenn man des Hauses beengende Schranken verläßt, von den allenthalben einem entgegentretenden Geschäften sich wendet und hinaustritt in einen hellen Morgen Gottes. Da geht es einem weit vor den Augen auf, weit wird das Herz, und kühnen Mutes schlägt es dem Leben entgegen, dem Leben, rosenrot gefärbt durch das junge Morgenlicht.

JEREMIAS GOTTHELF

März

3 *Aber ein Glück ist, daß das Licht keinen Platz unerfüllt läßt, so ist zu hoffen, daß es noch alles durchdringen werde, und daß die Gemeinplätze, die auf Vorurteilen sich gründen, weichen müssen vor dem harmonischen Einklang zwischen Geist und Seele, wie die Nachtschatten vor dem Morgenlicht.*

BETTINA VON ARNIM

März

4 Gedulden, Gedulden, Gedulden,
Gedulden unter dem Blau!
Was wir dem Schweigen verschulden,
macht uns das Reifen genau!

PAUL VALÉRY

März

5 *Der Mensch liebt es, an sich zu experimentieren, anstatt sich ruhig zu entwickeln. Es kann zu etwas führen, ist aber sehr riskant.*

FRIEDRICH HEBBEL

März

6 *Ein jegliches hat seine Zeit, und alles Vorhaben unter dem Himmel hat seine Stunde: geboren werden hat seine Zeit; pflanzen hat seine Zeit, ausreißen, was gepflanzt ist, hat seine Zeit; weinen hat seine Zeit, lachen hat seine Zeit; ... klagen hat seine Zeit, tanzen hat seine Zeit. Man mühe sich ab, wie man will, so hat man keinen Gewinn davon.*

DER PREDIGER SALOMO

März

7 Wer Geduld sagt, sagt Mut,
Ausdauer, Kraft.

MARIE VON EBNER-ESCHENBACH

März

8 *Nach Kraft ringen. Das klingt alles so dramatisch. Man tut eben, was man kann, und legt sich dann schlafen. Und auf diese Weise geschieht es, daß man eines Tages etwas geleistet hat.*

PAULA MODERSOHN-BECKER

März

9 Nie umsonst. – Im Gebirge der Wahrheit kletterst du nie umsonst: Entweder du kommst schon heute weiter hinauf oder du übst deine Kräfte, um morgen höher steigen zu können.

FRIEDRICH NIETZSCHE

März

10 *Die Gelassenheit ist eine anmutige Form des Selbstbewußtseins.*

MARIE VON EBNER-ESCHENBACH

März

11 *Oder schau ich aufs Meer hinaus und überdenke mein Leben, sein Steigen und Sinken, seine Seligkeit und seine Trauer und meine Vergangenheit lautet mir oft, wie ein Saitenspiel, wo der Meister alle Töne durchläuft, und Streit und Einklang mit verborgener Ordnung untereinanderwirft.*

FRIEDRICH HÖLDERLIN

März

12 *Das Meer, das Meer, ein immer neues Schenken!*
O, die Belohnung, nach dem langen Denken
ein langes Hinschaun auf der Götter Ruhn!

PAUL VALÉRY

März

13 ... das Glück steigt und fällt, wie Ebbe und Flut, mit jedem Spiele beginnt ein neues Schicksal und unser Innres bewegt sich harmonisch mit den Abwechslungen der bunten Bilder.

LUDWIG TIECK

März

14

Es gibt keine Seele, die nicht ihr Wattenmeer hätte, in dem zu Zeiten der Ebbe jedermann spazieren gehen kann.

CHRISTIAN MORGENSTERN

März

15 *In mir wogten die verschiedensten Empfindungen auf und nieder. Ich wollte gern auch gelassen bleiben, aber das Herz schlug mir, daß ich kaum atmen konnte, und in den Schläfen hämmerte mir das Blut.*

FANNY LEWALD

März

16

Wer sein Gemüt ohne Unterlaß dem Sturme der Leidenschaften preisgibt oder die Segel seines Geistes unaufhörlich spannt, der rennt auf den Strand oder muß mit abgenutztem Fahrzeuge nach Hause lavieren, wenn grade die beste Jahreszeit zu neuen Entdeckungen eintritt.

ADOLPH FREIHERR VON KNIGGE

März

17

Des Steuermanns Kunst erprobt sich nicht bei ruhigem Meer und bei günstigem Wind; etwas Widriges muß sich zeigen, dann kann der Mut sich erst recht bewähren. Laß dich nicht niederbeugen, stehe fest hin; welche Last auch von oben dir auferlegt werden mag, trage sie; nur der erste Ansturm ist schreckhaft. Nichts ärgert gleichsam das Geschick mehr, als Gleichmut!

LUCIUS ANNAEUS SENECA

---— März ———

18

Die Vernunft läßt sich nicht unterpflügen; sie, die harmonisch des Lebens Ebben und Fluten bewegt, ist auch dem Steuermann ein Lichtgestirn, zu dem er getrost im Sturm aufblickt.

BETTINA VON ARNIM

März

19

Affekten und Leidenschaften unterworfen zu sein, ist wohl immer Krankheit des Gemüts; weil beides die Herrschaft der Vernunft ausschließt.

IMMANUEL KANT

März

20

*Fähigkeit ruhiger Erwägung –
Anfang aller Weisheit, Quell
aller Güte!*

MARIE VON EBNER-ESCHENBACH

März

21

Das wahre Glück besteht doch zuletzt nur in der Harmonie mit allen Verhältnissen des Lebens; in dem Gefühle von dieser Harmonie. Sie dem Gegenstande der Neigung unverstimmt zu lassen, das ist Liebe ...

— KARL IMMERMANN

März

22 *Das Wesen der Menschlichkeit entfaltet sich nur in der Ruhe. Ohne sie verliert die Liebe alle Kraft ihrer Wahrheit und ihres Segens.*

JOHANN HEINRICH PESTALOZZI

März

23

Ehe ich selbst vollkommen ruhig und zufrieden sein kann muß ich erst mit allen den Wesen, die außer mir ebenso wie ich denken und empfinden, gewissermaßen in Richtigkeit sein – ich fühle einen Hang in mir, zu wissen, wie es um sie steht, welcher sogar das Interesse meines eignen Daseins bei mir überwiegt.

KARL PHILIPP MORITZ

März

24

Ja, es muß eine Zeit der Vollendung kommen, wo jedes Wesen harmonisch mit sich selbst und mit den Andern wird, wo sie in einander fließen, und Eins werden in einem großen Einklang, wo jede Melodie hinstürzt in die ewige Harmonie.

KAROLINE VON GÜNDERODE

März

25 *Morgens die Sonne erwarten,
abends die Nacht.*
Sonst nichts! Das ist alles.

PETER ALTENBERG

März

26

Wer lachend früh die Sonne grüßt
Und heiter an den Mittag blicket,
Und fromm im Abendsterne liest,
Zufrieden, wie die Nacht ihr Haus
beschicket:

Der wird auch froh in Liebesaugen sehen
Und greifet in das falsche Rad dem
    Glücke,
Es muß vor seinem Frieden stille stehen,
Daß Liebesfreude gründlich ihn entzücke.

CLEMENS BRENTANO

März

27 *Man kann sehr ruhig sein, und doch sehr zärtlich lieben.*

JOHANN WOLFGANG VON GOETHE

März

28

*Wir saßen ganz verschwiegen
Mit innigem Vergnügen,
Das Herz kaum merklich schlug.
Was sollten wir auch sagen
Was konnten wir uns fragen?
Wir wußten ja genug.*

*Es mocht uns nichts mehr fehlen,
Kein Sehnen konnt uns quälen,
Nichts Liebes war uns fern.*

LUDWIG UHLAND

März

29

Da ich noch an Deinem Arm durch die Straßen ging, ach wie eine geraume Zeit dünkt mir's, da war ich zufrieden, alle Wünsche waren schlafen gegangen, hatten wie die Berge Gestalt und Farbe in Nebel eingehüllt; ich dachte, so ging es, und weiter, ohne große Mühseligkeit vom Land in die hohe See, kühn und stolz, mit gelösten Flaggen und frischem Wind.

BETTINA VON ARNIM

März

30

Es gibt ein Vergessen alles Daseins,
ein Verstummen unseres Wesens, wo
uns ist, als hätten wir alles gefunden.

FRIEDRICH HÖLDERLIN

März

31

Warten und sich vorbereiten; das Aufspringen neuer Quellen abwarten; in der Einsamkeit sich auf fremde Gesichter und Stimmen vorbereiten; ... den Süden in sich wieder entdecken und einen hellen glänzenden geheimnisvollen Himmel des Südens über sich aufspannen.

FRIEDRICH NIETZSCHE

APRIL

April

O heilige Pflanzenwelt!, rief ich, wir streben und sinnen und haben dich doch! Wir ringen mit sterblichen Kräften, Schönes zu baun, und es wächst doch sorglos neben uns auf!

FRIEDRICH HÖLDERLIN

April

2

*Nicht wachsen siehest du, wie aufmerksam du bist,
das Gras, doch merkst du bald, daß es gewachsen ist.
So tröste dich, wo gleich nicht das Gedeihn
erschien
Von jedem Werk, zuletzt auf einmal ist's gediehn.*

FRIEDRICH RÜCKERT

April

3 Wiederum sah ich, wie es unter der Sonne zugeht: Zum Laufen hilft nicht schnell sein, zum Kampf hilft nicht stark sein, zur Nahrung hilft nicht geschickt sein, zum Reichtum hilft nicht klug sein; daß einer angenehm sei, dazu hilft nicht, daß er etwas gut kann, sondern alles liegt an Zeit und Glück.

DER PREDIGER SALOMO

April

4

Es vergehet kein Jahr, daß nicht der Baum blühe, der den Winden und dem Zufall ausgesetzt ist, also vergeht auch nichts vor Gott, das nicht seine Früchte bringe vor Gott, wenn wir Menschen es auch nicht einsehen ...

BETTINA VON ARNIM

April

5
Kein Wesen kann zu nichts zerfallen!
Das Ewge regt sich fort in allen,
Am Sein erhalte dich beglückt!
Das Sein ist ewig: denn Gesetze
Bewahren die lebendgen Schätze,
Aus welchen sich das All geschmückt.

JOHANN WOLFGANG VON GOETHE

April

6

Das Glück ist die Bewegung, die Ruhe geworden ist. Das ist das Glück.

— PETER ALTENBERG

April

7 *Das größte Hindernis des Lebens ist die Erwartung, die von dem morgigen Tage abhängig macht. Mit dem, was in der Hand des Zufalls ist, macht man Pläne; darüber läßt man hinaus, was man in der Hand hat und verliert das Heute.*

✝ LUCIUS ANNAEUS SENECA

April

8 *O wünsche nichts vorbei, und wünsche nichts zurück!*
Nur ruhiges Gefühl der Gegenwart ist Glück.

Die Zukunft kommt von selbst, beeile nicht die Fahrt!
Sogleich Vergangenheit ist jede Gegenwart.

FRIEDRICH RÜCKERT

April

9 *Nicht hastig leben. Die Sachen zu verteilen wissen, heißt sie zu genießen verstehen. Viele sind mit ihrem Glück früher als mit ihrem Leben zu Ende; sie verderben sich die Genüsse, ohne ihrer froh zu werden, und nachher möchten sie umkehren, wenn sie ihres weiten Vorsprungs inne werden.*

BALTASAR GRACIÁN

April

10

Hier eilt das Leben nicht, ich sehe ihm immer nach, auch weilt es nicht träg, und ich brauche es nie zu treiben. Ich gehe ruhig mit den Stunden, und jede bietet mir das volle Leben an; solange ich hier oben bin, habe ich noch nicht an die Zeit gedacht.

CLEMENS BRENTANO

April

11 Wir scheinen gelassen und sind bewegt, scheinen ernst und sind weich, scheinen wach und sind von süßer Lust gewiegt, gehen bedächtigen Schrittes, und unser Herz taumelt von Erinnerung zu Erinnerung, und wir wandeln mit breitem Fuße zwischen den Blumenbeeten unserer Kindheit und erheben uns auf den Flügeln der Phantasie zu den roten Abendwolken unserer hinabgesunkenen Jugend.

LUDWIG BÖRNE

April

12

Wähntest du etwa,
Ich sollte das Leben hassen,
In Wüsten fliehen,
Weil nicht alle
Blütenträume reiften?

JOHANN WOLFGANG VON GOETHE

April

13

Ich respektiere das Gegebene. Daneben aber freilich auch das Werdende, denn eben dies Werdende wird über kurz oder lang abermals ein Gegebenes sein.

THEODOR FONTANE

April

14 Warum sollte aber nicht ein Unglücklicher in seinem dürren Lebenslaufe, unter den unzähligen leeren Larven, die ihm begegnen, auch einmal einen Boten des Himmels antreffen, der ihm von oben her Frieden verkündigt? Ach, mein ganzes verschlossenes, verwelktes Herz würde sich wieder wie eine Blume aufrichten, die ein warmer Frühlingsregen trifft.

LUDWIG TIECK

April

15

Verbringe nicht die Zeit mit der Suche nach einem Hindernis, vielleicht ist keines da.

FRANZ KAFKA

April

16

Glaube mir ..., ich sehne mich nach Rast und Ruhe seit Jahren schon, aber jedesmal, wenn ich sie zu haben vermeinte, summte mir eine Fliege durchs Zimmer und störte mich. Und sieh, diesen Störenfried meiner Ruhe, der in beständiger Metamorphose heute diese und morgen jene Gestalt annimmt, diese böse Fee möcht ich mir durch eine gute Fee verscheuchen ...

THEODOR FONTANE

April

17

Im allgemeinen aber wohnt in manchen Menschen ein sonderbarer Geist des Widerspruchs. Sie wollen immer haben, was sie nicht erlangen konnten, sind nie von dem zufrieden, was andre tun, murren gegen alles, was grade sie nicht also bestellt haben, und wäre es auch noch so gut.

ADOLPH FREIHERR VON KNIGGE

April

18
*Stelle dich zufrieden, bedrängte Seele.
Irgendeinmal müssen auf irgendeine
Art alle Widersprüche gelöst werden: –
und dann wirst Du wahrscheinlich finden,
daß es gar keine Widersprüche gab.*

WILHELM HEINRICH WACKENRODER

April

19

Denn obgleich einige Leidenschaften eine gewisse ruhige Art zu denken ganz unterbrechen, so feuert uns doch überhaupt das bewegte Herz an, schnell, groß und wahr zu denken. Welche neue Harmonie der Seele entdecken wir dann in uns! Mit welchem ungewohnten Schwunge erheben sich die Gedanken und Empfindungen in uns!

FRIEDRICH GOTTLIEB KLOPSTOCK

April

20 *Drum fort o Seel! entzieh geschwinde*
Dich der Gesellschaft dieser Welt!
Zerreiß, was dich gefangen hält,
Damit dein Fuß die Ruhe finde,
Wo kein Geräusche dich verstöret.

ACHIM VON ARNIM

April

21 *Jede Glut des Herzens findet ihren Schatten, jeder Durst seine Welle, jede Sehnsucht ihre Ferne, und unzählige, heimliche, fest beschirmte Zufluchtsstätten sind bereitet für die Seele, welche nach Sicherheit und Ruhe strebt.*

ADAM HEINRICH MÜLLER

April

22

Ja die Ruhe ist nur das, wenn unser Geist durch nichts gestört wird, sich zu sehnen und zu suchen, wo er nichts Höheres finden kann als die eigne Sehnsucht.

FRIEDRICH SCHLEGEL

April

23

Ach, wenn das genügte: ich wünschte mir manchmal, mir so ein volles Schaufenster zu kaufen und mich mit einem Hund dahinterzusetzen für zwanzig Jahre.

RAINER MARIA RILKE

April

24

Was nennen Sie ruhig sein?
Die Hände in den Schoß legen?
Leiden, was man nicht sollte?
Dulden, was man nicht dürfte?

GOTTHOLD EPHRAIM LESSING

April

25

Besser eine Hand voll mit Ruhe als beide Fäuste voll mit Mühe und Haschen nach Wind.

DER PREDIGER SALOMO

April

26

Ein unerschrockner Geist sieht ganz gelassen an,
Was ihm auch nur begegnen kann.
Begleitet ihn das Glück auf jeden Tritt und Schritt,
So nimmt er es gar gerne mit,
Doch wollen sich die Wetter türmen
Und höchst erbost auf seine Scheitel stürmen,
So reckt er auch mit unerschrocknen Sinn
Den Nacken hin.

CHRISTIANA MARIANA VON ZIEGLER

April

27
*Eiche,
Du fassest Wurzeln
Und stehst.*

*Uns aber treibt
Eine Unruh
Und Verlangen
Von hier nach dort.*

KLABUND

---April---

28

... ein Stamm, der bestimmt ist, gradlinig aufzuwachsen, überwindet alle Irrungen nach rechts und links und schießt, sich selber überlassen, wieder nach oben.

THEODOR FONTANE

April

29 *Man wird gelassener, wenn man bedenkt, wie viel geschehen muß, ehe etwas Bleibendes erwächst.*

CAROLINE DE LA MOTTE FOUQUÉ

April

30

Die Seele spalten Pfeile nicht,
Die Seele brennen Flammen nicht,
Die Seele netzen Fluten nicht,
Die Seele dörren Winde nicht,
Unspaltbar stets, unbrennbar stets,
Unnetzbar und undörrbar stets,
Allgegenwärtig zeigt sie sich
Und ewig, unverrückbar stets.

BHAGAVADGITA

MAI

Mai

Nichts Großes kommt plötzlich, nicht einmal eine Traube oder Feige. Wenn du jetzt zu mir sagen wolltest: ich will eine Feige haben, so würde ich zu dir sagen: Dazu gehört Zeit; laß sie zuerst blühen, dann Frucht bringen und dann reif werden.

EPIKTET

Mai

2 *Gefühle, Blumen und Schmetterlinge leben desto länger, je später sie sich entwickeln.*

JEAN PAUL

Mai

3 *So wenig der Gärtner sich durch andere Liebhabereien und Neigungen zerstreuen darf, so wenig darf der ruhige Gang unterbrochen werden, den die Pflanze zur dauernden oder zur vorübergehenden Vollendung nimmt.*

JOHANN WOLFGANG VON GOETHE

Mai

4 *Eine langsam ausgereifte Frucht in Winden und Sonnen, das muß das Leben sein.*

PAULA MODERSOHN-BECKER

Mai

5 *Der langsamste, der sein Ziel nicht aus den Augen verliert, geht noch immer geschwinder als jener, der ohne Ziel herumirrt.*

GOTTHOLD EPHRAIM LESSING

Mai

6 *Fürchte dich nicht, langsam zu gehen!*
Fürchte dich nur stehenzubleiben!

LAOTSE

---— Mai ——

7 Über die Welt hin ziehen die Wolken.
Grün durch die Wälder fließt ihr Licht.
Herz, vergiß!

ARNO HOLZ

Mai

8 *Grün, grün ist die zarte Farbe der Seelenruh, grün im Abendschein ist die Wiege der Träume! Und jeder Halm wiegt einen Traum, und mein Geblätter raschelt im Netz der Träume, und es winkt dir!*

BETTINA VON ARNIM

Mai

9 ... die Natur bebte in leisen Schauer, wie Liebestod. Alles verlor seine Gestalt und sank in Einigkeit. Es gab nur einen Himmel und eine Erde, auf ihr wandelte ich, und mein Fuß rauschte im Laube, in des Himmels mildem Glanze ging mein Auge und trank große herrliche Ruhe.

CLEMENS BRENTANO

Mai

10

Auch auf dem Felde kannst du im Gefühl der tiefsten Einsamkeit gelassen fortträumen, bis ein zufälliges Räuspern, oder das Schnauben eines Pferdes dir verrät, daß der Schatten, in den du soeben trittst, von einem halbbeladenen Erntewagen geworfen wird, und du mitten durch zwanzig Arbeiter geschritten bist ...

ANNETTE VON DROSTE-HÜLSHOFF

Mai

11 *Ganz in dem Ewigen der Natur versunken, finden wir uns selbst ohne Furcht, als Natur, und retten die Freiheit, indem wir sie hingeben.*

HENRIK STEFFENS

— Mai —

12

Der Mensch ist inmitten der Natur immer das Kind an sich. Dies Kind träumt wohl einmal einen schweren beängstigenden Traum, wenn es aber die Augen aufschlägt, so sieht es sich immer wieder im Paradies.

FRIEDRICH NIETZSCHE

Mai

13

*Bei dem angenehmsten Wetter
Singen alle Vögelein,
Klatscht der Regen auf die Blätter,
Sing ich so für mich allein.*

*Denn mein Aug kann nichts entdecken,
Wenn der Blitz auch grausam glüht,
Was im Wandern könnt erschrecken
Ein zufriedenes Gemüt.*

JOSEPH VON EICHENDORFF

Mai

14 *Wer fest auf beiden Beinen steht, braucht sich vor Sturm nicht zu fürchten.*

CHINESISCHES SPRICHWORT

Mai

15
*Die Leiden sind wie Gewitterwolken:
In der Ferne sehen sie schwarz aus,
über uns grau.*

JEAN PAUL

Mai

16 *Stelle dich dem Regen entgegen, laß die eisernen Strahlen dich durchdringen, gleite in dem Wasser, das dich forschwemmen will, aber bleibe doch, erwarte so aufrecht die plötzlich und endlos einströmende Sonne.*

FRANZ KAFKA

Mai

17 *Nur Beharrung führt zum Ziel,*
Nur die Fülle führt zur Klarheit,
Und im Abgrund wohnt die Wahrheit.

FRIEDRICH SCHILLER

---Mai---

18

Da wo du bist, da wo du bleibst, wirke was du kannst, sei tätig und gefällig, und laß dir die Gegenwart heiter sein.

JOHANN WOLFGANG VON GOETHE

Mai

19 *Man muß eben immer älter werden, immer stiller, und endlich einmal etwas schaffen.*

PAULA MODERSOHN-BECKER

— Mai —

20

... Arbeiten und Altwerden, das ist es, was das Leben von uns erwartet. Und dann eines Tages alt sein und noch lange nicht alles verstehen, nein, aber anfangen, aber lieben, aber ahnen, aber zusammenhängen mit Fernem und Unsagbarem, bis in die Sterne hinein.

RAINER MARIA RILKE

Mai

21

Diese Genüsse, die Zufriedenheit unsrer selbst, das Bewußtsein guter Handlungen, das Gefühl unsrer durch alle Augenblicke unsers Lebens vielleicht gegen tausend Anfechtungen und Verführungen standhaft behaupteten Würde, sind fähig, unter allen äußern Umständen des Lebens, selbst unter den scheinbar traurigsten, ein sicheres tiefgefühltes und unzerstörbares Glück zu gründen.

HEINRICH VON KLEIST

Mai

22 Such' alles, was du machst, aufs beste nur zu machen;
Was aber, fragst du, ist die beste Art der Sachen?

Ist etwas gut, so laß es sein dabei,
Und frage nicht, ob es noch besser möglich sei.

FRIEDRICH RÜCKERT

Mai

23

Wer wußte je das Leben recht zu fassen,
Wer hat die Hälfte nicht davon verloren
Im Traum, im Fieber, im Gespräch mit Toren,
In Liebesqual, im leeren Zeitverprassen?

Ja, der sogar, der ruhig und gelassen,
Mit dem Bewußtsein, was er soll, geboren,
Frühzeitig einen Lebensgang erkoren,
Muß vor des Lebens Widerspruch erblassen.

AUGUST VON PLATEN

―― Mai ――

24

Wenn man nicht feste, ruhige Linien am Horizonte seines Lebens hat, Gebirgs- und Waldlinien gleichsam, so wird der innerste Wille des Menschen selbst unruhig, zerstreut und begehrlich wie das Leben des Städters: Er hat kein Glück und gibt kein Glück.

FRIEDRICH NIETZSCHE

Mai

25

Auch fehlt bei den Menschen wohl manchen die nötige Aufmerksamkeit und Gelassenheit, um den Wechsel der Gegenstände und ihre Zusammenstellung erst gehörig zu betrachten, und dann darüber nachzudenken und die nötigen Vergleichungen anzustellen.

NOVALIS

Mai

26

Wieviel Muße gewinnt der, der nicht auf seines Nächsten Reden, Tun oder Denken sieht, sondern sich nur darum kümmert, ob seine eigenen Handlungen gerecht, fromm und gut sind; sieh also nicht die schwarzen Laster der Umgebung, sondern wandle auf eigener Bahn deinen Lauf unbeirrt.

MARC AUREL

Mai

27

Nachmittags-Schläfchen. Man ziehe sich vollständig aus wie abends, ziehe das Nachthemd an, nehme die Antiphone ins Ohr, lege sich ins Bett! Man spiele »Nacht-Ruhe«; so holt man in einer halben Stunde, in einer Stunde, viele viele versäumte Stunden ein. Man kann dann wirklich neuausgerüstet das Tageswerk vollenden bis zur Nacht! Völlig gerüstet für den Kampf der Stunden.

PETER ALTENBERG

Mai

28
Der Schlaf ist die Nabelschnur, durch die das Individuum mit dem Weltall zusammenhängt.

FRIEDRICH HEBBEL

Mai

29

*Frühlingsnacht! kein Lüftchen weht,
Nicht die schwanksten Halme nicken,
Jedes Blatt, von Mondesblicken
Wie bezaubert, stille steht.*

NIKOLAUS LENAU

Mai

30

*O wunderbares, tiefes Schweigen,
Wie einsam ist's noch auf der Welt!
Die Wälder nur sich leise neigen,
Als ging' der Herr durchs stille Feld.*

*Ich fühl mich recht wie neu geschaffen,
Wo ist die Sorge nun und Not?
Was mich noch gestern wollt
  erschlaffen,
Ich schäm mich des im Morgenrot.*

JOSEPH VON EICHENDORFF

Mai

31

Ich denke an den Sonnenaufgang ... und wünsche mir soviel Fassung in mein Herz, solchen Gegenständen gegenüber dazusein, still, aufmerksam, als ein Seiendes, Schauendes, Um-sich-nicht-Besorgtes ...

RAINER MARIA RILKE

JUNI

Juni

*Es blitzt ein Tropfen Morgentau
Im Strahl des Sonnenlichts;
Ein Tag kann eine Perle sein
Und ein Jahrhundert nichts.*

GOTTFRIED KELLER

---Juni---

2

Jeder Tag ist ein kleines Leben, zu welchem das Erwachen die Geburt ist und welches durch den Schlaf, als Tod, beschlossen wird.

ARTHUR SCHOPENHAUER

―――― Juni ――――

3 *Ich fang an, mir jeden Tag zu notieren, damit die Zeit nicht so rennt; ich habe immer gefunden, daß es dagegen hilft, wenn man abends die Summe zieht.*

FRANZISKA GRÄFIN ZU REVENTLOW

―――― Juni ――――

4 *In der Stille scheinen Himmel und Erde groß. In der Muße dehnen sich Tage und Monde lang.*

CHINESISCHES SPRICHWORT

Juni

5 *In der Tat, man sollte das Studium des Müßiggangs nicht so sträflich vernachlässigen, sondern es zur Kunst und Wissenschaft, ja zur Religion bilden!*

FRIEDRICH SCHLEGEL

Juni

6

Was machen Sie?
Nichts. Ich lasse das Leben
auf mich regnen.

RAHEL VARNHAGEN

Juni

7

*Der Regen braust; nun schwand
Das Tal in seiner Dichte;
Verpfählt hat er das Land
Vor meinem Augenlichte.*

*Doch mir im Herzensgrund
Ist Heiterkeit und Stille;
Mir wächst in solcher Stund
Und härtet sich der Wille.*

NIKOLAUS LENAU

Juni

8
Es ist die Eigenschaft der menschlichen Seele, daß sie sich dann am schnellsten erhebt, wenn sie am stärksten niedergedrückt wird.

JOHANN WOLFGANG VON GOETHE

Juni

9 *Wenn der Geist sich einmal seiner selbst bewußt geworden, bildet er von sich aus seine Welt weiter.*

JACOB BURCKHARDT

Juni

10

Jeder soll seine Individualität kennen lernen, das heißt, seine innern und äußern köperlichen und geistigen Anlagen. Hat er dann ein richtiges Bild von sich gefaßt, so tritt er mit diesem Bild ruhig in die Welt und das Handeln ein und sucht sich seine Verhältnisse, und er kann dann so ruhig handeln wie bei der Anschauung des Universums.

SOPHIE MEREAU

— Juni —

11

*Das Spiel des Lebens sieht sich heiter an,
wenn man den sicheren Schatz
im Herzen trägt.*

FRIEDRICH SCHILLER

Juni

12

Ja das Köstlichste was der Mensch hat, die innere Zufriedenheit selbst hängt, wie jeder leicht wissen kann, irgendwo zuletzt an einem solchen Punkte, der im Dunkeln gelassen werden muß, dafür aber auch das Ganze trägt und hält, und diese Kraft in demselben Augenblicke verlieren würde, wo man ihn in Verstand auflösen wollte.

FRIEDRICH SCHLEGEL

—— Juni ——

13

Wenn dich je die Gewalt der Umstände in eine Art von Gemütsunruhe versetzten sollte, so kehre bald in dich selbst zurück und laß dich nicht über Gebühr aus dem Takt bringen, denn wenn du stets wieder zu einer harmonischen Stimmung der Seele zurückkehrst, wird du ihrer immer mächtiger werden.

MARC AUREL

Juni

14

Wenn je ein Schluß a priori bindend ist, so bleibt es dieser: wo wir Seelenkräfte von seltener intensiver Stärke in einer göttlichen Harmonie vereint erblicken, da dürfen wir auf göttliche Ausgeburten sicher rechnen, sie mögen sich nun in materiellen Hüllen verkörpern, oder reingeistig, wie ihr Urquell, von Auge zu Auge, von Seele zu Seele hinüberblitzen!

GEORG FORSTER

Juni

15

Da, o Freund! in jenen Tagen,
Welch ein Retter wardst du mir!
Warme Dankgefühle weihe
Ich voll Ehrfurcht ewig dir.
In wie vielen Schauer-Nächten
Eiltest du mir hilfreich zu!
Mit dir nahte sich die Hoffnung
Und die stille Seelenruh.

ELISE SOMMER

Juni

16

Gott, wie gern möcht ich jetzt bei Dir sein! Und wär ich im Flug, weit über alle Zeiten und schwebte über Dir: ich müßte die Fittiche senken und mich gelassen der stillen Allmacht Deiner Augen hingeben.

BETTINA VON ARNIM

Juni

17

Genieße, was dir Gott beschieden,
Entbehre gern, was du nicht hast.
Ein jeder Stand hat seinen Frieden,
Ein jeder Stand auch seine Last.

Gott ist der Herr, und seinen Segen
Verteilt er stets mit weiser Hand;
Nicht so, wie wir's zu wünschen pflegen,
Doch so, wie er's uns heilsam fand.

CHRISTIAN FÜRCHTEGOTT GELLERT

Juni

18

Wohin mein Weg mich führen mag,
Der Himmel ist mein Dach,
Die Sonne kommt mit jedem Tag,
Die Sterne halten Wach,

Und komm ich spät und komm ich früh
Ans Ziel, das mir gestellt:
Verlieren kann ich mich doch nie,
O Gott, aus Deiner Welt!

JOSEPH VON EICHENDORFF

Juni

19
Ich kehre in mich selbst zurück und finde eine Welt!

JOHANN WOLFGANG VON GOETHE

Juni

20 *Das Vertrauen auf sich selbst und das ihm von Gott anvertraute Pfund darf der Mensch nie aufgeben, ohne sich an seiner Menschennatur und an seiner Zeit zu versündigen.*

CASPAR DAVID FRIEDRICH

Juni

21

Lasse dich leben, wie du bist, ohne Kunststücke mit dir zu probieren, ohne dich zwingen zu wollen, Dinge zu lieben, die du nicht lieben kannst.

KAROLINE VON GÜNDERODE

— Juni —

22

Gräme dich nicht über das Leid von morgen! Denn du weißt nicht, was der Tag hervorbringt. Vielleicht kommt das Morgen, und er ist nicht mehr. Er hätte sich dann über eine Welt gegrämt, die ihm nicht gehört.

JÜDISCHE LEBENSWEISHEIT

Juni

23

Die Sorg' um Künft'ges niemals frommt:
Man fühlt kein Übel, bis es kommt.
Und wenn man's fühlt, so hilft kein Rat:
Weisheit ist immer zu früh und zu spat.

FRIEDRICH RÜCKERT

Juni

24

Die Freiheit aber erlangt man nur durch Gleichgültigkeit gegen das Schicksal. Daraus erwächst ein unbezahlbares Gut: die Ruhe und Erhabenheit eines Geistes, der seinen festen Standpunkt gefunden hat, der frei von Furcht aus der Erkenntnis der Wahrheit eine hohe bleibende Freude gewinnt, Freundlichkeit und Heiterkeit des Gemüts ...

LUCIUS ANNAEUS SENECA

— Juni —

25

... Erheitert war
Die Nacht, und auf die Wellen leuchtet'
Und Hütten, wo der fromme Landmann schlief,
Aus blauer Luft das stille Mondlicht nieder;
Und alles dünkte friedlich mir und sorglos,
In Schlaf gesungen von des Himmels Sternen.

FRIEDRICH HÖLDERLIN

―――― Juni ――――

26

O ihr Ohren, euch umtönt die weite Stille, in ihr erhebt sich das leise Heranbrausen des Windes, es naht sich ein zweites, es trägt euch Töne zu aus der Ferne, die Wellen schlagen seufzend ans Ufer, die Blätter lispeln, nichts regt sich in der Einsamkeit, was nicht sich euch vertraute, ihr Ohren.

BETTINA VON ARNIM

Juni

27

Tadle nicht der Nachtigallen
Bald verhallend-süßes Lied;
Sieh, wie unter allen, allen
Lebensfreuden, die entfallen,
Stets zuerst die schönste flieht.

JOHANN GOTTFRIED HERDER

―――― Juni ――――

28

Alles hat seine Zeit! – Ein Spruch, dessen Bedeutung man bei längerem Leben immer mehr anerkennen lernt.

JOHANN WOLFGANG VON GOETHE

Juni

29
Ich kann nicht regieren, ich kann nicht wollen, ich muß alles geschehen lassen.

BETTINA VON ARNIM

---- Juni ----

30

*Laß die Welt ihren Gang tun,
wenn er nicht aufgehalten werden
kann, wir gehen den unsern.*

FRIEDRICH HÖLDERLIN

JULI

Juli

Das Leben muß wie kostbarer Wein mit Unterbrechungen genossen werden. Auch der beste Wein verliert allen Reiz, wir wissen ihn nicht zu schätzen, wenn wir ihn wie Wasser hinunterschütten.

LUDWIG FEUERBACH

―――― Juli ――――

2

Menschen, die nach immer größerem Reichtum jagen, ohne sich jemals Zeit zu gönnen, ihn zu genießen, sind wie Hungrige, die immerfort kochen, sich aber nie zu Tische setzen.

MARIE VON EBNER ESCHENBACH

Juli

3 *Ein gewisser Heroismus im Kampf gegen das Unglück führt Freuden mit sich, die das härteste Ungemach vergessen machen, und der Gedanke, andere zu trösten und aufzurichten, erhebt das Herz.* ADOLPH FREIHERR VON KNIGGE

―――― Juli ――――

4 *Ich fühle lebhaft, die Zufriedenheit macht nur die Gabe aus, das Gute, das in jeder Lage doch liegt, anzuerkennen und das Harte mit Geduld zu ertragen. Forthelfen wird Gott uns gewiß.*

WILHELM GRIMM

Juli

5 *Alle Sorgen*
Nur auf morgen!
Sorgen sind für morgen gut.

JOHANN WOLFGANG VON GOETHE

Juli

6 *Denn ungewiß ist ja alles, was uns begegnet. Der Himmel ist überall in gleicher Nähe über uns und um uns, und ich vertraue, daß er mir wird begegnen lassen, was mir gut ist.*

WILHELM GRIMM AN JENNY VON DROSTE-HÜLSHOFF

Juli

7 *Wann wird dies sein? Wann wird das sein? – Wann wir es uns verdient haben werden.*

CHRISTIAN MORGENSTERN

―――― Juli ――――

8 *Ich lerne es täglich, lerne es unter Schmerzen, denen ich dankbar bin: Geduld ist alles!*

RAINER MARIA RILKE

Juli

9 *Schaut in die Klüfte des Berges hinein,
Ruhig entwickelt sich Stein aus
Gestein.*

JOHANN WOLFGANG VON GOETHE

───── Juli ─────

10
Sandkorn auf Sandkorn wird schließlich zur Pagode.

CHINESISCHES SPRICHWORT

Juli

11

Wer zwingen will die Zeit, den wird sie selber zwingen;
Wer sie gewähren läßt, dem wird sie Rosen bringen.

FRIEDRICH RÜCKERT

Juli

12 *Die Flucht der Zeit hemmt Gram*
und Wunsch vergebens;
Ein Weiser nur allein
Weiß den unsichern Pfad des traum-
erfüllten Lebens
Mit Rosen zu bestreun.

JOHANN FRIEDRICH VON CRONEGK

Juli

13

Habe Geduld gegen alles Ungelöste in deinem Herzen und versuche, die Fragen selbst liebzuhaben, wie verschlossene Stuben und wie Bücher, die in einer sehr fremden Sprache geschrieben sind. Forsche jetzt nicht nach den Antworten, die dir nicht gegeben werden können, weil du sie nicht leben kannst. Und es handelt sich darum, alles zu leben. Lebe jetzt die Fragen. Vielleicht lebst du dann allmählich, eines fernen Tages, in die Antwort hinein.

RAINER MARIA RILKE

Juli

14 *Suchst du das Höchste, das Größte?*
Die Pflanze kann es dich lehren.
Was sie willenlos ist, sei du es wollend.

FRIEDRICH SCHILLER

―― Juli ――

15

Wenn man älter wird, so lernt man eben einsehen, daß man von einem Menschen nicht alles verlangen kann, und daß man zufrieden sein muß, wenn ein Weinstock Trauben trägt. In jüngeren Jahren verlangt man auch noch Erd- und Himbeeren dazu, womöglich gleich mit Schlagsahne.

THEODOR FONTANE AN SEINE MUTTER

Juli

16
*Im Gebirge lebe von den Bergen,
an einem Gewässer vom Wasser.*

CHINESISCHES SPRICHWORT

Juli

17 Wer mit der Brust voll ungeziemter brennender Leidenschaft seine Ruhe im Reichtum oder in dem Stande sucht, findet sie nie ... Nur der Zufriedene, der seine Wünsche auf das beschränkt, was Natur und Glück und Fleiß ihm gewährt, und in dem Besitz und Genuß dessen seine Wünsche befriedigt sieht, nur er hat Ruhe und für die Freude des Lebens einen offenen Sinn.

JOHANN PETER HEBEL

Juli

18 Wenn die gesunde Natur des Menschen als ein Ganzes wirkt, wenn er sich in der Welt als in einem großen, schönen, würdigen und werten Ganzen fühlt, wenn das harmonische Behagen ihm ein reines, freies Entzücken gewährt, dann würde das Weltall, wenn es sich selbst empfinden könnte, als an sein Ziel gelangt, aufjauchzen und den Gipfel des eigenen Wer-dens und Wesens bewundern.

JOHANN WOLFGANG VON GOETHE

Juli

19
Jeder muß sich selbst austrinken wie einen Kelch.

CHRISTIAN MORGENSTERN

Juli

20

Laß, o Welt, o laß mich sein!
Locket nicht mit Liebesgaben,
Laßt dies Herz alleine haben
Seine Wonne, seine Pein!

EDUARD MÖRIKE

—— Juli ——

21

Mein Horizont fängt zu meinen Füßen an, wölbt sich um mich, und ich stehe im Meer des Lichts, das von Dir ausgeht, und in aller Stille schweb ich gelassenen Flugs über Berg und Tal zu Dir.

BETTINA VON ARNIM

Juli

22

*Unter den Blumen,
Die du nur liebest,
Weile ich stille –
Trink' mit den glühenden
Rosen, den Blüten,
Und mit den kühlenden
Blättern dein Licht.*

CLEMENS BRENTANO

Juli

23

Herz sei doch zufrieden,
Sie still anzusehn,
Würden wir geschieden,
Müßtest du vergehn;
Schweige, noch hienieden
Ward es nicht so schön,
Daß in sel'gem Frieden
Zweie sich ansehn.

ACHIM VON ARNIM

Juli

24

Da erblickte ich Dich und der heilige Friede der Unbedenklichkeiten, der inneren Harmonieen, mit einem Worte der von ihren Irr-Gängen gleichsam erlösten Welt, offenbarte sich mir in Deinen Kindlichkeiten!

PETER ALTENBERG

Juli

25

*Komm, setze dich gelassen gegenüber,
Und sag uns im Vertraun, wieviel gehört dazu,
Damit ich dich so glücklich mache
Als du verlangst?*

CHRISTOPH MARTIN WIELAND

Juli

26 *Du solltest mich so lieben, daß alles, was ich mit Gleichmut und Ruhe tue, das heißt: das alles, was ich eigentlich tue, Dir gar keine Sorge machen könnte.*

BETTINA VON ARNIM

Juli

27

Im vollsten Seelenfrieden saß ich an unserm Fenster, wenn die Luft leise durch die Bäume fächelte und der Duft der Rosen aus dem Garten in das Zimmer drang, und sah, wie hier und dort ein paar Leute durch die Wiesen promenierten ...

FANNY LEWALD

Juli

28 *Jeden Abend kann ein fremder Mensch vorübergehen und Frieden haben an dem Duft des Feldes ... Unerschöpflich senden die kleinen weiß-lila Blütensterne Frieden in den dunklen Abendhimmel, wie Glockentöne, wenn der unbedächtige unfromme Tag vom Menschen gleitet - - -.*

PETER ALTENBERG

Juli

29

*Weit ausgegossen liegt das breite Land.
Der Himmel taucht den Scheitel noch ins Licht,
Doch seitlich hebt gelassen eine Hand
Die dunkle Maske Nacht ihm ins Gesicht.*

MARIA LUISE WEISSMANN

Juli

30

Leis rauscht es in den Buchen,
Die letzten Winde suchen
Die vollsten Wipfel sich zum Neste aus.

Noch einmal leis ein Wehen,
Dann bleibt der Atem stehen
Der müden, müden Welt.
Nur noch ein zages Beben
Fühl durch die Nacht ich schweben,
Auf die der Friede seine Hände hält.

OTTO JULIUS BIERBAUM

Juli

31

Gelassen stieg die Nacht ans Land,
Lehnt träumend an der Berge Wand,
Ihr Auge sieht die goldne Waage nun
Der Zeit in gleichen Schalen stille ruhn;
Und kecker rauschen die Quellen hervor,
Sie singen der Mutter, der Nacht, ins Ohr
Vom Tage,
Vom heute gewesenen Tage.

EDUARD MÖRIKE

AUGUST

August

Ich weiß, daß, wenn sich auch die Wolken vor dem Sonnengott auftürmen, daß er sie bald wieder niederdrückt mit glänzender Hand; ich weiß, daß er keinen Schatten duldet als den er unter den Sprossen seines Ruhmes sich selber sucht. – Die Ruhe des Bewußtseins wird Dich überschatten; – ich weiß, daß, wenn er sich über den Abend hinwegbeugt, so erhebt er wieder im Morgen das goldne Haupt.

BETTINA VON ARNIM

August

2

Die Natur ist die große Ruhe gegenüber unserer Beweglichkeit. Darum wird sie der Mensch immer mehr lieben, je feiner und beweglicher er werden wird. Sie gibt ihm die großen Züge, die weiten Perspektiven und zugleich das Bild einer bei aller unermüdlichen Entwicklung erhabenen Gelassenheit.

CHRISTIAN MORGENSTERN

August

3 *Nur in der Bewegung, so schmerzlich sie sei, ist Leben.*

JACOB BURCKHARDT

August

4 *Wieviel Bewegung wird hervorgebracht durch das Streben nach Ruhe!*

MARIE VON EBNER-ESCHENBACH

— August —

5 Wenn ein Mensch in einer großen Verlegenheit ist, geht er gewöhnlich sehr schnell, er will allen unangenehmen Gedanken vorübereilen nach einem Moment der Ruhe und Zufriedenheit hin, der boshaft mit jedem seiner Schritte wieder einen Schritt voranläuft.

LUDWIG TIECK

August

6
Wer sich zu sehr beeilt,
verirrt sich unterwegs.

FRANZÖSISCHES SPRICHWORT

August

7 *Nur das feurige Roß, das mutige, stürzt auf der Rennbahn,
Mit bedächtigem Paß schreitet der Esel daher.*

FRIEDRICH SCHILLER

August

8 *Was rennst, was mühst du dich zu mehren deine Tat?*
Halt nur den Acker rein, dann sprießt von selbst die Saat;
In Ruhe wohnt die Kraft, du mußt nur ruhig sein,
Durch offne Tür und Tor die Gnade lassen ein;
Dann wird aus lockerm Grund dir Myrt' und Balsam steigen ...

ANNETTE VON DROSTE-HÜLSHOFF

August

9 Wie ein Wasserfall im Sturz langsamer und schwebender wird, so pflegt der große Mensch der Tat mit mehr Ruhe zu handeln, als seine stürmische Begierde vor der Tat es erwarten ließ.

FRIEDRICH NIETZSCHE

August

10

Wie ein Wasserbecken, so ist die Seele; wie ein Strahl, der ins Wasser fällt, so sind die Vorstellungen. Sobald nun das Wasser bewegt wird, glaubt man, daß auch der Strahl sich bewege, und doch ist das nicht der Fall. Und wenn jemandem schwindlig wird, so verwirren sich doch nicht seine Fähigkeiten und Tugenden, sondern der Geist, in dem sie sind. Ist er ruhig, so sind es auch jene.

EPIKTET

August

11

*Über dem Wasser deiner Seele schwebt
unaufhörlich ein dunkler Vogel: Unruhe.*

CHRISTIAN MORGENSTERN

August

12

Es gibt Gemüter, die nie zur Ruhe kommen, die abwechselnd des träumerischen Sinnens und des kräftigen Wirkens, der reinsten Leidenschaften und der ungezügelten Genüsse bedürfen, und die darum jedes phantastischen Schrittes, jeder Torheit fähig sind.

FRANZISKA GRÄFIN ZU REVENTLOW

August

13 *Das eben geschieht den Menschen, die in einem Irrgarten hastig werden: Eben die Eile führt immer tiefer in die Irre.*

LUCIUS ANNAEUS SENECA

August

14

*Sprich Wiederhall! Der, wenn
die Laute klang,
Vom kühlen Sitz, in dickbelaubten Linden,
Mit hellem Ton in güldne Saiten sang,
Sprich! soll ich nie die Ruhe wieder finden?*

EWALD CHRISTIAN VON KLEIST

August

15

Nirgends finde ich Ruhe, nirgends den Seelenfrieden, der mich auf ewig floh! So kann es nicht bleiben, so nicht!

CHARLOTTE BIRCH-PFEIFFER

August

16

Ach, es kommen Augenblicke, in denen Du Dich selbst nicht verlassen darfst, wenn Dich auch jedermann verläßt; Augenblicke, in welchen der Umgang mit Deinem Ich der einzig tröstliche ist – was wird aber in solchen Augenblicken aus Dir werden, wenn Du mit Deinem eignen Herzen nicht in Frieden lebst, und auch von dieser Seite aller Trost, alle Hilfe Dir versagt wird?

ADOLPH FREIHERR VON KNIGGE

August

17

Ich habe jetzt einen Begriff von der Ruhe des Weisen. Ihn kann nichts erschüttern, denn er hört die Planeten rauschen und fühlt sich als Glied einer großen Wesenkette. Oh, vielleicht ist noch Hilfe für mich! Ich fange an, mir die Möglichkeit einer zufriedenen Stimmung zu denken.

KARL GUTZKOW

August

18

Man muß zufrieden sein mit dem durch Schicksalsbeschluß Gegebenen ... Mit anderen Worten: »Genieße fröhlich, was du hast.«

THEODOR FONTANE

August

19

*Wer den Geist der Gierigkeit hat,
er lebt nur in Sorgen,
Niemand sättiget ihn.*

JOHANN WOLFGANG VON GOETHE

August

20

Zufrieden, und frisch
und fröhlich sein
Ist allemal das Beste;
Die Menschen aber, groß und klein,
Sind wunderliche Gäste.
Anstatt nur nach der Uhr zu sehn,
Will mancher selbst am Zeiger drehn.

MATTHIAS CLAUDIUS

August

21 *Das goldene Vlies der Selbstgenügsamkeit schützt gegen Prügel, aber nicht gegen Nadelstiche.*

FRIEDRICH NIETZSCHE

August

22 *Wenn man beim Stiche der Biene
oder des Schicksals nicht still hält,
so reißt der Stachel ab und bleibt zurück.*

— JEAN PAUL

August

23 *Welcher Hundertjährige erlebte schon sechsunddreißigtausend frohe Tage?*

CHINESISCHES SPRICHWORT

August

24

Du wirst dich doch nicht darüber grämen, daß du nur so und so viel Pfund, aber keine 300 wiegst? So gräme dich denn auch nicht darüber, daß du nur so und so viel Jahre und nicht noch mehr zu leben hast! Denn wie du mit dem dir bestimmten Körpergewicht zufrieden bist, so sei es auch mit der dir bestimmten Lebensdauer.

MARC AUREL

August

25 Ein Kind vergißt sich selbst, ein
Knabe kennt sich nicht,
Ein Jüngling acht' sich schlecht, ein Mann
hat immer Pflicht,
Ein Alter nimmt Verdruß, ein Greis wird
wieder Kind:
Was meinst du, was doch dies für Herrlich-
keiten sind!

FRIEDRICH VON LOGAU

August

26

O welche stille Wechsel in mir, im gemessenen Takte schreiten die Augenblicke wie Töne zu einer schönen Melodie des Lebens hin, und irret mein Geist durch alle Akkorde auf harmonischen Wegen einen den andern verbindend, so gelangt er nicht selten ... auf einen Gipfel, wo ... das Lied gleichsam einen freien ungebundenen Blick in die Ewigkeit tut, und neuerdings kehrt die Melodie zurück, wie das Atmen unseres Busens, das ein sanfter Seufzer unterbrach.

CLEMENS BRENTANO

August

27 Der Abend brach endlich herein, und ein kühler Luftstrom kam vom See her, aber es war kein Wind, die Lampe flackerte nicht, und der lang herabhängende Schleier derselben bewegte sich nur, wenn sich einer der Nachtschmetterlinge darin verfing. Endlich wurde der Mond über dem Gebirge sichtbar und stand so licht und klar da, wie wenn er den Frieden besiegeln wolle, der drunten ausgebreitet lag.

THEODOR FONTANE

August

28

*Jene Ruhe – jene Himmelswonne –
O ich wußte nicht, wie mir geschah,
Wann so oft in stiller Pracht die Abendsonne
Durch den dunklen Wald zu mir heruntersah –*

*Du, o du nur hattest ausgegossen
Jene Ruhe in des Knaben Sinn,
Jene Himmelswonne ist aus dir geflossen,
Hehre Stille! Holde Freudengeberin!*

FRIEDRICH HÖLDERLIN

August

29

*Schweigt der Menschen laute Lust:
Rauscht die Erde wie in Träumen
Wunderbar mit allen Bäumen,
Was dem Herzen kaum bewußt.*

JOSEPH VON EICHENDORFF

August

30

Wenn der Abend wiederkommt, dann kehrt in die müden Glieder das Sehnen ein nach des engen Hauses Ruhe, jede kleine Mühe wird zum Berge, der seufzend bezwungen wird, und erst leuchtet das matt gewordene Auge wieder auf, wenn das düstere Häuschen sichtbar wird, wenn das dunkle Kämmerlein sich zeigt, wo Ruhe ist für die müden Glieder, wo das an Heimweh kranke Herz heilende Schranken findet.

JEREMIAS GOTTHELF

August

31

O schaudre nicht! Ob auch unmerklich
Der schönste Sonnenschein verrann –
Es ist der Sommer nur, der scheidet;
Was geht uns denn der Sommer an!

THEODOR STORM

SEPTEMBER

September

Im Nebel ruhet noch die Welt,
Noch träumen Wald und Wiesen:
Bald siehst du, wenn der Schleier fällt,
Den blauen Himmel unverstellt,
Herbstkräftig die gedämpfte Welt
In warmem Golde fließen.

EDUARD MÖRIKE

September

2 Kein seligerer Traum, kein beglückenderes Ereignis als Ruhe! Stille Ruhe im Dasein; beglückt, daß es so ist, und kein Wähnen, es könne anders sein, oder es müsse anders kommen. Nein! Nicht im Paradies wird es schöner sein, als diese Ruhe ist, die keine Rechenschaft gibt, kein Überschauen des Genusses, weil jeder Augenblick ganz selig ist.

BETTINA VON ARNIM

September

3 *Es herrscht eine seltene Ruhe in der Natur. Nirgends etwas Grelles, Aufreizendes. Himmel und Erde sind wie durchsichtiges Spinnwebe. Und dabei scheint sich alles so wohl zu fühlen.*

FRANK WEDEKIND

September

4 *Das ist das unsäglich Wohltätige von der Natur, daß Seelenwunden wie körperliche heilen, nur mit dem Unterschiede, daß die geheilte Seelenwunde, wenn sie eine unverdiente war, statt Nachwehen wie die körperliche vielmehr eine gestähltere, gefestigtere und reinere Seelengesundheit zurückläßt.*

ADALBERT STIFTER

September

5 ... aber es ist wahr, die Gesundheit des Herzens entfernet sich gleich weit von hysterischen Zuckungen und von phlegmatischer Erstarrung, und die Entzückung grenzet näher an den Schmerz als die Ruhe.

JEAN PAUL

September

6 Um zu leben, leben lassen. Die Friedfertigen leben nicht nur; sie herrschen. Man höre, sehe und schweige. Der Tag ohne Streit bringt ruhigen Schlaf in der Nacht. Lange leben und angenehm leben heißt für zwei leben und ist die Frucht des Friedens.

BALTASAR GRACIÁN

September

7

Wie glücklich ... ist eine beruhigte, stille Seele, die imstande ist, so besonnen und gleichförmig nach allen Seiten hin zu wirken und zu schaffen, die, von keiner besonderen Leidenschaft mehr gestört, auf der schönen Erde wie in der Vorhalle des größern Tempels wohnt!

JOSEPH VON EICHENDORFF

September

8 *... ich will nichts Neues wissen, nichts soll sich regen, kein Blatt am Baum, die Lüfte sollen schweigen; stille soll's in der Zeit sein, und Du sollst ausharren in Gelassenheit, bis alle Schmerzen in Deiner Brust verwunden sind.*

BETTINA VON ARNIM

September

9

*Selig muß ich ihn preisen,
Der in der Stille der ländlichen Flur,
Fern von des Lebens verworrenen Kreisen,
Kindlich liegt an der Brust der Natur.*

FRIEDRICH SCHILLER

September

10

O Ruhe, du sanftes Wort! – Herbstflor aus Eden! Mondschein des Geistes! Ruhe der Seele, wann hältst du unser Haupt, daß es still liege, und unser Herz, daß es nicht klopfe?

JEAN PAUL

September

11

Es hieß dieses: mit stilltätiger Geduld abwarten. Dieses ist eine große Regel. Die Menschen ändern sich von selbst, wenn man sie nicht ausdrücklich ändern will, sondern ihnen nur unmerklich die Gelegenheit macht, zu sehen und hören. Viele Unternehmungen mißlingen bloß, weil man die Früchte davon noch gerne erleben wollte.

GEORG CHRISTOPH LICHTENBERG

September

12
Wir warten. Das ist überhaupt das Beste, was der Mensch tun kann. Zeit, Zeit. Die Zeit bringt alles.

THEODOR FONTANE

September

13 Warum sind denn die Götter Götter, als weil sie wehren. Nur mit Gelassenheit und Sanftmut, in der heiligen Stille der echten Passivität kann man sich an sein ganzes Ich erinnern, und die Welt und das Leben anschauen.

FRIEDRICH SCHLEGEL

September

14

Es ist wahr, alle Menschen schieben auf und bereuen den Aufschub. Ich glaube aber, auch der Tätigste findet soviel zu bereuen als der Faulste; denn wer mehr tut, sieht auch mehr und deutlicher, was hätte getan werden können.

— GEORG CHRISTOPH LICHTENBERG

September

15 Wir müssen wollen, wir müssen streben; ohne daß wir je die Frucht unserer Mühe vollendet sähen oder aus der ganzen Geschichte ein Resultat menschlicher Bestrebungen lernten.

JOHANN GOTTFRIED HERDER

September

16 Mit heiterm Angesicht der Erde
Leiden tragen,
Das ist des Himmels Lust, das läßt uns
nicht verzagen.

FRIEDRICH RÜCKERT

September

17 Was ich wollte, liegt zerschlagen,
Herr, ich lasse ja das Klagen,
Und das Herz ist still.
Nun aber gib auch Kraft, zu tragen,
Was ich nicht will!

JOSEPH VON EICHENDORFF

September

18 *Man muß die Hunde bellen lassen; wer's ihnen aber wehren will, der muß manchmal eine ganze Nacht ungeschlafen liegen.*

MARTIN LUTHER

September

19 Der Mutige empört sich nicht der Gefahr, er hält sie gelassen in der reinen Hand, und sanftmütig entwirrt er die Geschicke.

BETTINA VON ARNIM

September

20

Wenn aus dem Leben kann ein Mensch sich finden,
Und das begreifen, wie das Leben sich empfindet,
So ist es gut; wer aus Gefahr sich windet,
Ist wie ein Mensch, der kommt aus Sturm und Winden.

FRIEDRICH HÖLDERLIN

September

21

Es liegt in deiner Hand, daß dein Leben immer ruhig dahinfließe, wenn du dem rechten Weg folgen und auf ihm urteilen und handeln willst.

MARC AUREL

September 22

Alle Widersprüche im Leben und im Menschen sind nur scheinbar, und könnten wir wie ein Gott auf alle heruntersehen und sie alle verstehen, so würden wir unsere Augen von keinem mit Widerwillen wenden.

SOPHIE BERNHARDI

September

23 *Am Abend erschließen alle Herzen sich selbst, und aus allen Tiefen der Seele kommen die geliebtesten Gedanken zu uns, und selbst die heftigen Begierden, und was uns mit Gewalt fesselt, kommt zu uns und spricht: Lasse dir nicht bange sein um uns, wir sind nicht so feindlich als du gedenkst.*

CLEMENS BRENTANO

September

24

Laß dich in deiner Ruhe nicht stören, holder Stern! wenn unter dir es gärt und trüb ist.

FRIEDRICH HÖLDERLIN

September

25

Das Lachen erhält uns vernünftiger als der Verdruß.

GOTTHOLD EPHRAIM LESSING

September

26

Der sinnliche Mensch lacht oft, wo nichts zu lachen ist. Was ihn auch anregt, sein inneres Behagen kommt zum Vorschein.

JOHANN WOLFGANG VON GOETHE

September

27 Gelassenheit und Ruh kann alle Lasten schwächen
Und dem verstockten Glück zuletzt den Nacken brechen.
Der Unmut schadet nur; das Murren wird verlacht,
Das Schicksal ändert nichts was es dir zugedacht.

CHRISTIANA MARIANA VON ZIEGLER

September

28 Du brauchst über dies oder das keine Meinung zu haben und kannst so deiner Seele alle Unruhe ersparen; denn die Dinge selbst sind nicht derart, daß sie uns Urteile abnötigen.

MARC AUREL

September

29

Was mich fesselte, war die große Stille bei all dem Glanz, bei all dem Werden am weiten Himmel; unüberschauliche unaufhörliche Verwandlungen, und doch kein sichtbarer Wechsel, keine Bewegung.

FRIEDRICH HEINRICH EDUARD JACOBI

September

30 *Und doch war es Dein Lachen, der Ton Deines Lachens, was mich zu Tränen rührte, so wie es meine Tränen waren, die Dich lachen machten, und ich bin zufrieden und sehe unter der Hülle dieses Rätsels Rosen hervorbrechen, die der Wehmut und der Freude zugleich entsprießen.*

BETTINA VON ARNIM

OKTOBER

Oktober

Bleibe ruhig! Dann wird diese herrliche bewegte strömende Welt in Dich sich ergießen, weil sie selbst, diese Rastloseste, ja einen Hafen der Ruhe sucht!

PETER ALTENBERG

Oktober

2

Soweit du im Licht dich fühlst, so weit weißt du dich in Harmonie mit dir selber; wo das Licht aufhört, da weißt du nicht mehr, da ist Finsternis; durchbrichst du sie, so strömst du mit höherem Wissen in eins. Alles Wissen ist Harmonie mit sich selbst, nichts zu tun, dessen man sich schämen dürfe.

BETTINA VON ARNIM

― Oktober ―

3 *Wenn sich der Most auch ganz absurd gebärdet,*
Es gibt zuletzt doch noch e' Wein.

JOHANN WOLFGANG VON GOETHE

Oktober

4 *Man muß nur warten können, das Glück kommt schon.*

PAULA MODERSOHN-BECKER

Oktober

5 *Sorge dich nicht ums Feuerholz,
solange es noch grüne Berge gibt.*

CHINESISCHES SPRICHWORT

Oktober

6 *Gib den Winden ein frisch, ein fliegend Blatt,
Es wird den Weg schon finden, den es zu fliegen hat.*

FERDINAND FREILIGRATH

Oktober

7 Nur durch die weiten Räume der Zeit gelangt man zum Mittelpunkt der Gelegenheit. Weise Zurückhaltung bringt die richtigen, lange geheim zu haltenden Beschlüsse zur Reife. Die Krücke der Zeit richtet mehr aus als die Keule des Herkules.

BALTASAR GRACIÁN

Oktober

8 *Nur, wenn sie reif ist,
fällt des Schicksals Frucht.*

FRIEDRICH SCHILLER

Oktober

9 *Die Harmonie der inneren Gestalten*
Zerstören nie die ordnenden Gewalten,
Die für Verderbnis nur die Not erfand.

KAROLINE VON GÜNDERODE

Oktober

10 *Jedes Gewaltsame, jedes Sprunghafte ist mir in der Seele zuwider, denn es ist nicht naturgemäß.*

JOHANN WOLFGANG VON GOETHE

Oktober

11

Kunst, die Dinge ruhen zu lassen, und um so mehr, je wütender die Wellen des öffentlichen oder häuslichen Lebens toben. Im Treiben des menschlichen Lebens gibt es Strudel und Stürme der Leidenschaften; dann ist es klug, sich in den sicheren Hafen der Furt zurückzuziehen.

BALTASAR GRACIÁN

Oktober

12

Der Mensch, der seine Leidenschaften überwunden hat, ist in den Besitz des fruchtbaren Erdreiches getreten; wie der Kolonist, der über die Wälder und Sümpfe Herr geworden ist.

FRIEDRICH NIETZSCHE

Oktober

13 Und die innere Ruhe, das Gleichgewicht zwischen Verstand und Gemüt, die Fähigkeit des Beruhens auf Dir selber und des Ziehens der Freudigkeit aus Dir selber, aus den geheimen fast unerschöpflichen Ressourcen des Individuums – das ist ja alles! ... – das ist das Höchste, das Gott Dir geben kann.

HUGO VON HOFMANNSTHAL

Oktober

14
Ruhe zieht das Leben an,
Unruhe verscheucht es.

GOTTFRIED KELLER

Oktober

15 *Wer hätte mit mir Geduld haben sollen, wenn ich's nicht gehabt hätte?*

JOHANN WOLFGANG VON GOETHE

Oktober

16 *Ein Geduldiger ist besser als ein Starker und wer sich selbst beherrscht, besser als einer, der Städte gewinnt.*

DIE SPRÜCHE SALOMOS

Oktober

17 Halte alle Gedanken von dir fern, und das wird dir gelingen, wenn du jede deiner Handlungen verrichtest, als sei es die letzte deines Lebens, frei von jeder Überstürzung und leidenschaftlichen Abneigung gegen die Leitung der Vernunft, frei von Heuchelei und Eigenliebe, ergeben in das bestimmte Los.

MARC AUREL

Oktober

18 Man muß alles im gesellschaftlichen Geschehen wie im Privatleben nehmen: ruhig, großzügig und mit einem milden Lächeln.

ROSA LUXEMBURG

Oktober

19

Zufrieden sein, das ist mein Spruch!
Was hilft mir Geld und Ehr?
Das, was ich hab, ist mir genug,
Wer klug ist wünscht nicht sehr;
Denn, was man wünschet, wenn man's hat,
So ist man darum doch nicht satt.

MATTHIAS CLAUDIUS

Oktober

20 Laß dich nicht ärgern, daß dir
ein Stück Wild entgangen;
Wenn du heut alles fingst, was willst du
morgen fangen?

FRIEDRICH RÜCKERT

Oktober

21 *Wage zu irren, in hundert Einzelheiten, was verschlägt's! Weißt du dich nur im wesentlichen sicher.*

CHRISTIAN MORGENSTERN

Oktober

22 Wes Fuß wär' niemals fehl gesprungen?
Wer lief nicht irr' auf seinem Lauf?
Blick hin auf das, was dir gelungen,
Und richte so dich wieder auf.

Vorüber ziehn die trüben Wetter,
Es lacht aufs neu der Sonne Glanz,
Und ob verwehn die welken Blätter,
Die frischen schlingen sich zum Kranz.

THEODOR FONTANE

---Oktober---

23

*Die Welt ist wie ein Meer:
Ein jeder geht und fischt,
Nur daß den Walfisch der,
den Stockfisch der erwischt.*

FRIEDRICH VON LOGAU

Oktober

24 *Wer gelernt hat, Zufriedenheit auf der Stufe zu finden, wo er steht, der wird alle Stufen über und unter sich mit Gleichgültigkeit ansehn.*

JOHANN WOLFGANG VON GOETHE

Oktober

25 Mein Geist will in die Wüste ziehen,
Und wünscht sich Taubenflügel an;
Weil er vor Angst nicht bleiben kann,
Da wo die Menschen sich bemühen,
Von Gott noch weiter wegzugehen
Und niemals bei sich selbst zu sein.

ACHIM VON ARNIM

Oktober

26

Tiefer führen noch die Pfade
Mich hinab, zu dem Gestade,
Wo die Ruhe wohnt,
Wo des Lebens Farben bleichen,
Wo die Elemente schweigen
Und der Friede thront.

KAROLINE VON GÜNDERODE

Oktober

27 An des Balkonens Gitter lehnte ich
Und wartete, du mildes Licht,
auf dich.
Hoch über mir, gleich trübem Eiskristalle,
Zerschmolzen schwamm des Firmamentes
Halle;
Der See verschimmerte mit leisem Dehnen,
Zerfloßne Perlen oder Wolkentränen?
Es rieselte, es dämmerte um mich,
Ich wartete, du mildes Licht, auf dich.

ANNETTE VON DROSTE-HÜLSHOFF

Oktober

28

*Stille Ruhe säuselt nieder
Von des Himmels goldnen Höh'n,
Einsam tönen meine Lieder,
Wie der Abendlüfte Weh'n;
In der Dämm'rung Nebelschleier
Stirbt des Tages letzter Blick;
Meine Seele atmet freier
Stiller Ruhe süßes Glück.*

ELISE SOMMER

Oktober

29 *So wie ein Traum scheint's zu beginnen,*
Und wie ein Schicksal geht es aus.

RAINER MARIA RILKE

Oktober

30
Selbst ein Tiger hält ein Schläfchen.

CHINESISCHES SPRICHWORT

Oktober

31

Alles hat auf der Erde geblüht, was blühen konnte, jedes zu seiner Zeit und in seinem Kreise: Es ist abgeblüht und wird wieder blühen, wenn seine Zeit kommt.

JOHANN GOTTFRIED HERDER

NOVEMBER

November

Die Landschaft ist bestimmt, sie ist ohne Zufall, und ein jedes fallende Blatt erfüllt, indem es fällt, eines der größten Gesetze des Weltalls. Diese Gesetzmäßigkeit, die niemals zögert und sich in jedem Augenblicke ruhig und gelassen vollzieht, macht die Natur zu einem solchen Ereignis ...

RAINER MARIA RILKE

November

2

Wache über dich, daß du nie die innere Zuversicht zu dir selber, das Vertrauen auf Gott, auf gute Menschen und das Schicksal verlierst!

ADOLPH FREIHERR VON KNIGGE

November

3 *Krankheiten, besonders langwierige, sind Lehrjahre der Lebenskunst und der Gemütsbildung.*

NOVALIS

November

4 *Sauer, süß, bitter, scharf – alles muß gekostet werden.*

CHINESISCHES SPRICHWORT

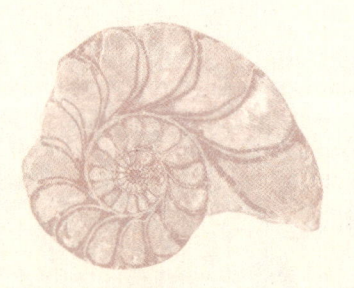

November

5 *Oft scheint der Teufel an die Tür zu klopfen, und es ist doch nur der Schornsteinfeger.*

FRIEDRICH HEBBEL

November

6 *Im Unglück finden wir meistens die Ruhe wieder, die uns durch die Furcht vor dem Unglück geraubt wurde.*

MARIE VON EBNER-ESCHENBACH

November

7 Er trat fest auf wie früher, ehe die Angst über ihn gekommen war, nahm den Hut in die Hand, der auf dem Kopf nicht halten wollte, machte sich steif in den Knien und kämpfte sich Schritt für Schritt weiter, bis an die Elbbrücke, die ihm von Ferne her, umdonnert von den rasenden Wellen, umtanzt von den schreienden Sturmgespenstern, den weißen, spitzflügeligen Möwen, mit sonderbarer Gelassenheit nur leise zu schwanken schien.

ILSE FRAPAN

November

8
Die kalten Winde bliesen
Mir grad ins Angesicht,
Der Hut flog mir vom Kopfe,
Ich wendete mich nicht.

WILHELM MÜLLER

November

9 *Was zerstreuen dich die Außendinge? Nimm dir Zeit, etwas Gutes zu lernen, und laß dich nicht weiter wie ein Wind umhertreiben!*

MARC AUREL

November

10 *Ich sage dir, mein Schatz, wenn meine Sinne gar nicht mehr halten wollen, so lindert all den Tumult der Anblick eines solchen Geschöpfs, das in glücklicher Gelassenheit den engen Kreis seines Daseins hingeht, von einem Tage zum andern sich durchhilft, die Blätter abfallen sieht und nichts dabei denkt, als daß der Winter kommt.*

JOHANN WOLFGANG VON GOETHE

November

11 *Ihr könnt das Einerlei nicht ertragen, auch nicht das Einerlei des Glücks. Und am verhaßtesten ist euch das eigentliche, das höchste Glück, das Ruhe bedeutet. Ihr seid auf die Unruhe gestellt.*

THEODOR FONTANE

November

12 Nichts, das dich bewegt,
du selber bist das Rad,
Das aus sich selbsten läuft und
keine Ruhe hat.

ANGELUS SILESIUS

November

13 *Ungeduld ist es, die den Menschen zuweilen anfällt, und dann beliebt er sich unglücklich zu finden.*

JOHANN WOLFGANG VON GOETHE

November

14

*Vom Unglück erst
Zieh ab die Schuld!
Was übrig bleibt,
Trag in Geduld!*

THEODOR STORM

November

15

Gelassen dulde ich der Albernheiten viel,
Nur eine einz'ge setzt selbst meiner Huld ein Ziel:

Wenn sich ein eitler Tor, von Eigenlieb' umnachtet,
Als Kern und Mittelpunkt des weiten Alls betrachtet.

BETTY PAOLI

November

16

Ich habe ihn wirklich geliebt, aber die farbenfrohen Krawatten kosteten mich meine Seelenruhe.

FRANZISKA GRÄFIN ZU REVENTLOW

November

17 Alles hat der, welcher sich aus dem nichts macht, woran ihm nichts liegt. Keine größere Verkehrtheit, als sich alles zu Herzen nehmen. Gleich große Torheit: daß uns das Herze durchbohre, was uns nicht angeht, und daß wir uns nicht kümmern wollen um das, was wichtig für uns ist.

BALTASAR GRACIÁN

November

18

Aber wenn alle Menschen Künstler wären, oder Kunst verständen, wenn sie das reine Gemüt nicht beflecken und im Gewühl des Lebens zerquälen dürften, so wären doch gewiß alle um vieles glücklicher. Dann hätten sie die Freiheit und die Ruhe, die wahrhaftig die größte Seligkeit sind.

LUDWIG TIECK

November

19

Erst die reife Erfahrung bringt uns dahin, uns gelassen als ein Atom in der Menge zu empfinden, und uns, auf uns selbst gestellt, in all dem Wollen und Treiben zu behaupten, das sich, mit uns gleich berechtigt, um uns her bewegt, oder uns der Gesamtheit dienend unterzuordnen und uns ihr zu fügen, je nachdem es eben für uns und Andere nötig ist.

FANNY LEWALD

November

20

Man muß eben in die Jahre kommen, in denen das Brausen des eigenen Lebens den großen, ruhig wallenden Strom des allgemeinen Lebens nicht mehr überrascht, daß man dem großen Leben gerecht wird und sein eigenes als ein sehr kleines unterordnet.

ADALBERT STIFTER

November

21

Sie können gelassen eine Welt über sich spotten sehen, die Ihrer nicht wert ist, und sich auf einen andern Schauplatz freuen ...

MARGARETA SOPHIA LIEBESKIND

November

22 Wir haben es nicht selten erfahren, daß innere, in sich ruhende Vortrefflichkeit gegen das von allen Seiten einbrechende ungünstige Urteil der Zeit sich endlich bewährt und ein langes Vergessen, aber kein langes Verkennen möglich war.

WILHELM GRIMM

November

23

Das Gute wächst auf den Jahrhunderten, das Böse auf dem Augenblick; jenes lebt von der Zeit, dieses stirbt an ihr.

JEAN PAUL

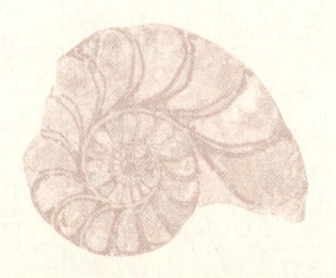

November

24 *Der Gedanke an die Vergänglichkeit aller irdischen Dinge ist ein Quell unendlichen Leids und ein Quell unendlichen Trosts.*

MARIE VON EBNER-ESCHENBACH

November

25 *Seelenruhe bekommt man,
wenn man aufhört zu hoffen.*

ARABISCHES SPRICHWORT

November

26
Die Ruhe ist eine liebenswürdige Frau und wohnt in der Nähe der Weisheit.

EPICHARMOS

November

27

*Ach! wenn alles Glück, wenn
alle Freuden
Von mir wichen, wenn ich trostlos stand;
Wenn mich der Schmerz zerriß, wenn
neues Leiden
Jeden Morgen mich in Tränen fand,
Seelenruhe! die mich dann erheitert,
Wenn das Schicksal mich mit Geißeln
schlug,
Daß mein ganzes Herz, von dir erweitert,
Stiller seine harten Schläge trug ...*

ELISE SOMMER

November

28

*Wie die Zeder will ich erheben
Über die Wolken hoch mein Haupt,
Still in Lüften des Himmels schweben,
Von Erdsorgen unangestaubt;
Wenn dereinst mir das Glück erlaubt,
Mich zur Einsamkeit zu begeben,
Zu entsagen dem Menschenleben,
Das den Frieden der Seele raubt.*

FRIEDRICH RÜCKERT

November

29

*Auf, auf, gib deinem Schmerze
Und Sorgen gute Nacht!*

PAUL GERHARDT

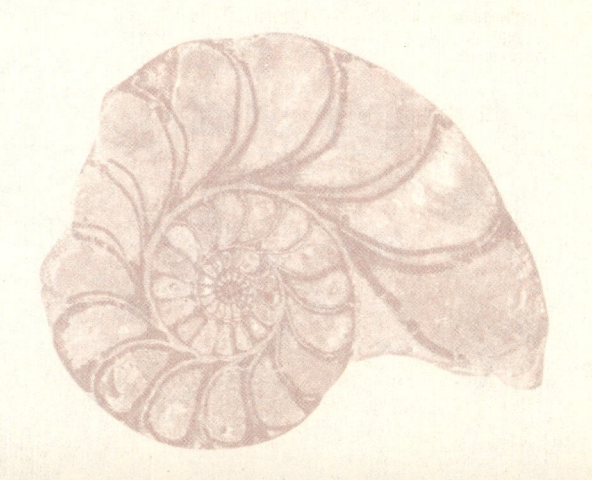

November

30 Wenn morgen kommt, will ich das Werk von morgen tun,
Getan ist das von heut, nun laßt mich ruhn.

FRIEDRICH RÜCKERT

DEZEMBER

Dezember

1 *Ruh' im Hafen ist noch nicht Ruh',
Kommt nicht die Ruh' in der Brust dazu.*

FRANZ GRILLPARZER

Dezember

2 *Der Weise, welcher sich hat über sich gebracht,*
Der ruhet, wenn er läuft, und wirkt, wenn er betracht't.

ANGELUS SILESIUS

Dezember

3 *Der Weise, der ein Ziel im Auge hat, verdunkelt seinen eigenen Glanz und, obgleich mit der wahren Macht versehen, beugt er sich in Geduld, wenn das Schicksal es erheischt.*

INDISCHE LEBENSWEISHEIT

Dezember

4 *Fang alles an nur mit Bedacht,
führ alles mit Bestand!*
*Was drüber dir begegnen mag,
da nimm Geduld zur Hand.*

FRIEDRICH VON LOGAU

Dezember

5 *Du selbst machst die Zeit, das Uhrwerk sind die Sinnen,*
Hemmst du die Unruh nur, so ist die Zeit von hinnen.

ANGELUS SILESIUS

Dezember

6 *Da man immer Zeit genug hat, wenn man sie gut anwenden will, so gelang mir manchmal das Doppelte und Dreifache.*

JOHANN WOLFGANG VON GOETHE

Dezember

7 *Die Zeit ist des Zornes Arznei.*

DEUTSCHES SPRICHWORT

Dezember

8 *Ob du eilst oder langsam gehst,
der Weg vor dir bleibt derselbe.*

CHINESISCHES SPRICHWORT

Dezember

9 Wer bedächtig handelt, stellt sich gut dabei; doch Kummer wird demjenigen zuteil, der unbedacht und voreilig entscheidet.

INDISCHE LEBENSWEISHEIT

Dezember

10 *Die Ruhe der Seele ist ein herrliches Ding und die Freude an sich selbst. Lieber Freund, wenn nur das Kleinod nicht ebenso zerbrechlich wäre, als es schön und kostbar ist.*

JOHANN WOLFGANG VON GOETHE

Dezember

11 *Zwischen Sinnenglück und Seelenfrieden
Bleibt dem Menschen nur die bange
Wahl.*

FRIEDRICH SCHILLER

Dezember

12 *Nur in der Sehnsucht finden wir die Ruhe.*

FRIEDRICH SCHLEGEL

Dezember

13 Das Leben ist nichts weiter, als ein ewiges Lavieren zwischen Klippen und Sandbänken, die Freude verdirbt unser Herz ebenso sehr als die Qual, und eine feste Ruhe und gleichförmige Heiterkeit ist unmöglich.

LUDWIG TIECK

Dezember

14

Wir können einem Widerspruch in uns selbst nicht entgehen; wir müssen ihn auszugleichen suchen. Wenn uns andere widersprechen, das geht uns nichts an, das ist ihre Sache.

— JOHANN WOLFGANG VON GOETHE

Dezember

15 *Lerne Widerspruch ertragen. Sei nicht kindisch eingenommen von deinen Meinungen.*

ADOLPH FREIHERR VON KNIGGE

Dezember

16 *Nie aus der Fassung geraten. Ein großer Punkt der Klugheit, nie sich zu entrüsten. Es zeigt einen ganzen Mann von großem Herzen an; denn alles Große ist schwer zu bewegen.*

BALTASAR GRACIÁN

Dezember

17 *Ich bin zufrieden, daß ich mich*
Für mich auf meinem Standpunkt halte;
Ein jeder tue das für sich;
Im ganzen bleibt es wohl das Alte.

JOHANN GOTTFRIED SEUME

Dezember

18 *Um durch die Welt zu kommen, ist es zweckmäßig, einen großen Vorrat von Vorsicht und Nachsicht mitzunehmen: Durch erstere wird man vor Schaden und Verlust, durch letztere vor Streit und Händeln geschützt.*

ARTHUR SCHOPENHAUER

Dezember

19 *Wer die Welt will recht verstehn,*
Muß ihr klar ins Auge sehn.

FRIEDRICH VON BODENSTEDT

Dezember

20
Es gibt nichts, das ich mir nicht vergeben könnte, und nichts, das ich nicht überwinden möchte.

CHRISTIAN MORGENSTERN

Dezember

21 *Von ganzer Seele sehne ich mich, wonach die ganze Schöpfung und alle immer langsamer und langsamer rollenden Weltkörper streben, nach Ruhe.*

HEINRICH VON KLEIST

Dezember

22 *Mit Ungeduld bestraft sich zehnfach Ungeduld; man will das Ziel heranziehn und entfernt es nur.*

JOHANN WOLFGANG VON GOETHE

Dezember

23 *Und gewiß, wenn wir nur das meiste in unserem Reden und Tun, was nicht notwendig ist, wegließen, hätten wir mehr Muße und weniger Unruhe.*

MARC AUREL

Dezember

24

*Frieden der Seele, Einsamer Winterabend,
Die dunklen Gestalten der Hirten am alten Weiher;
Kindlein in der Hütte von Stroh,
o wie leise
Sank in schwarzem Fieber das
Antlitz hin
Heilige Nacht.*

GEORG TRAKL

Dezember

25 Wer seines Lebens viele Widersinne
versöhnt und dankbar in ein Sinn-
bild faßt,
der drängt
die Lärmenden aus dem Palast,
wird anders festlich, und du bist der Gast,
den er an sanften Abenden empfängt.

RAINER MARIA RILKE

Dezember

26

Was ist schöner als eine belebte Ruhe oder wie ein Schwan in einer stillen Freudigkeit zu ruhen? Das begegnet uns Menschen manchmal, nicht bloß im Traum, auch dann und wann im Leben, aber nicht immer, aber das Verlangen darnach ist doch auch schön und gewährt eine gewisse Glückseligkeit.

WILHELM GRIMM AN JENNY VON DROSTE-HÜLSHOFF

Dezember

27 Jeder beschleunigt sein Leben und leidet an der Sehnsucht nach der Zukunft, indem die Gegenwart ihm entleidet ist. Wer aber jeden Augenblick recht für sich benützt, wer jeden Tag so ordnet, als ob er das ganze Leben wäre, der wünscht den folgenden Tag nicht und fürchtet ihn nicht.

LUCIUS ANNAEUS SENECA

Dezember

28 *Den Gang der gemessen ablaufenden Zeit beschleunigen zu wollen, ist das kostspieligste Unternehmen.*

ARTHUR SCHOPENHAUER

Dezember

29

Vielleicht. Vielleicht ist das neu, daß wir das überstehen: das Jahr und die Liebe. Blüten und Früchte sind reif, wenn sie fallen; die Tiere fühlen sich und finden sich zueinander und sind es zufrieden. Wir aber ... können nicht fertig werden. Wir ... brauchen noch Zeit. Was ist uns ein Jahr? Was sind alle? Noch eh wir Gott angefangen haben, beten wir schon zu ihm: laß uns die Nacht überstehn. Und dann das Kranksein. Und dann die Liebe.

RAINER MARIA RILKE

Dezember

30 *Niemand kann dir deine Jahre wieder erstatten, niemand dich dir selbst wiedergeben. Die Zeit wird vergehen, wie sie anfing; sie wird ihren Lauf nicht zurückrufen und nicht hemmen; sie wird keinen Lärm machen und mit nichts dich an ihre Schnelligkeit erinnern; still wird sie dahinfließen.*

LUCIUS ANNAEUS SENECA

Dezember

31

Laßt uns lieben, singen, trinken,
Und wir pfeifen auf die Zeit;
Selbst ein leises Augenwinken
Zuckt durch alle Ewigkeit.

WILHELM BUSCH

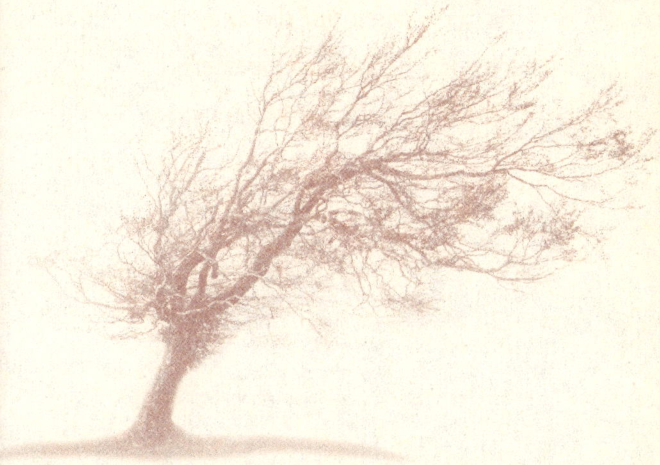

Trotz intensiver Bemühungen war es leider nicht in allen Fällen möglich, den jeweiligen Rechteinhaber ausfindig zu machen. Für Hinweise sind wir dankbar.

Idee und Konzeption © Carpe Diem Concept GmbH,
Freiburg im Breisgau 2002
Lizenzausgabe für area verlag gmbh, Erftstadt
Alle Rechte vorbehalten
Gesamtherstellung: area verlag gmbh, Erftstadt
Printed in Italy 2007
ISBN 978-3-8361-1125-6

www.area-verlag.de